里中哲彦▼著
清重伸之・依田秀稔▼絵
現代書館編集部▼編

黙って働き
笑って納税

戦時国策スローガン
傑作100選

現代書館

黙つて働き　笑つて納税　戦時国策スローガン　傑作100選

目次

装幀　中山銀士
レイアウト　伊藤滋章

黙って働き　笑って納税

戦時国策スローガン　傑作100選

権利は捨てても
義務は捨てるな

　昔むかし、あるところにお爺さんとお婆さんが住んでいました。二人はそれぞれの「義務」と「権利」をもっていました。お爺さんは山に芝刈りに出かければ、その日は晩酌をしました。お婆さんは川へ洗濯に行けば、そこで歌を詠みました。ところが、政府がいきなり「権利」は捨てろといってきたので、二人には「義務」だけが残りました。こうしてお爺さんとお婆さんには、のんびりと酒食をたのしんだり、ゆったりと花鳥風月とたわむれる時間がなくなってしまいました。

　教訓――義務と権利は表裏一体である。「義務のない権利」や「権利のない義務」はあってはならない。

子供の健康　それ国防

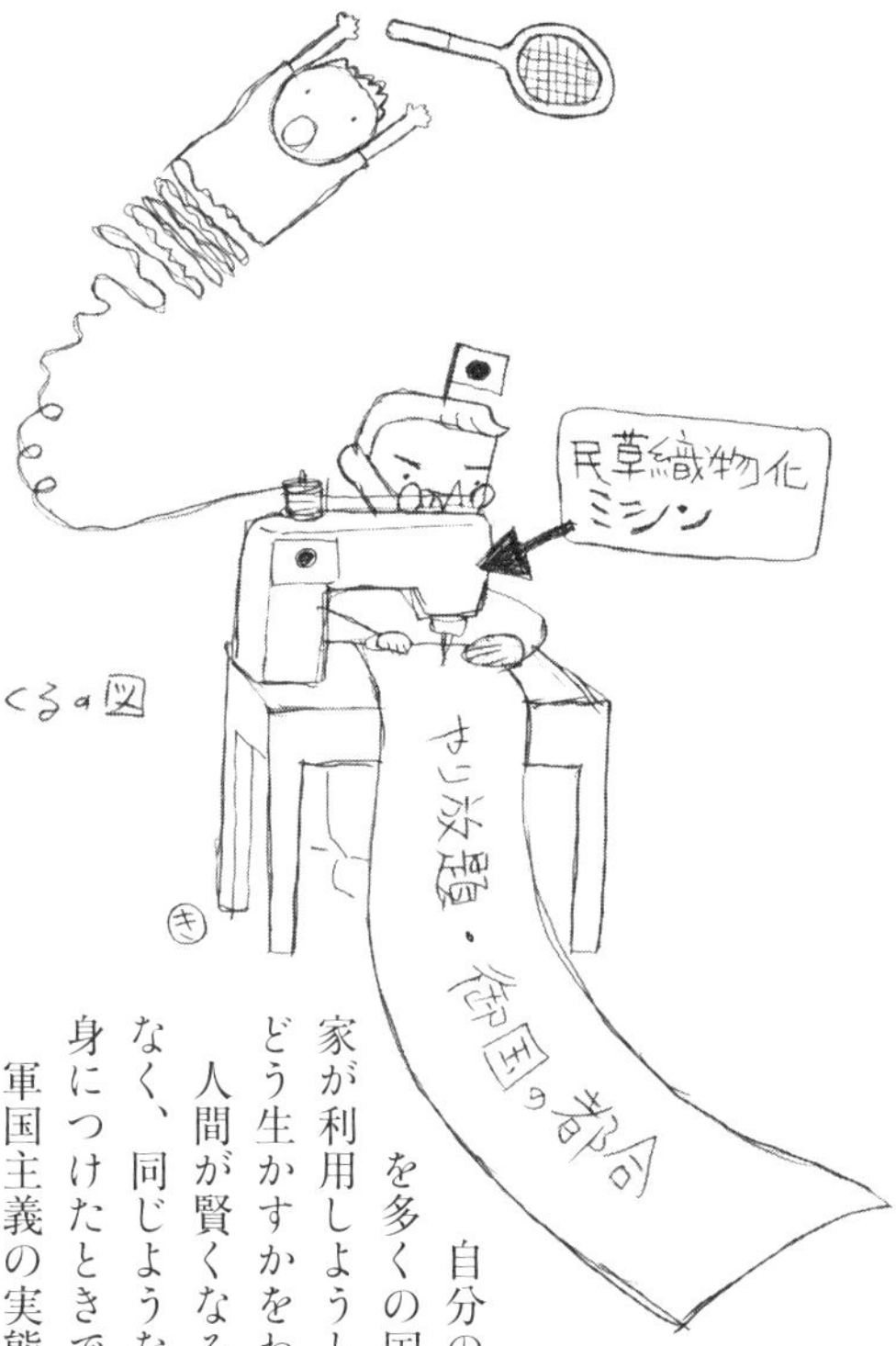

子供の健康をからめとり、
御国の好きな織物をつくるの図

自分の将来に夢をいだけない刹那的な日常を多くの国民が経験した。子どもの健康まで国家が利用しようとした時代があったのだ。その経験をどう生かすかをわれわれは歴史から問われている。

人間が賢くなるのは、経験それ自体にによってではなく、同じようなことがまた起こったときの対処法を身につけたときである。

軍国主義の実態を暴くことを「自虐史観」と糾弾する人たちがいる。自省と自虐の区別もつかないようである。また、ひたすら「平和」を祈願すれば平和がやってくると信じている夢想家たちがいる。まったくおめでたいというほかない。

あの戦争からなにを教訓とするか。まずはそれを表明すべきである。

心磨けば　皇国が光る

「センセーッ、これだけ磨けば良いでしょうか!?」
「あっ、いや、オーバーブラッシングは百害あって一利なしです」

「性格は運命なり」とふと考える。

「国柄もまた運命なり」とも思う。

運命を変えるには性格を変えなくてはならないように、国の運命を変えるには国柄の改造が必要である。

国家を一個の人格をもった存在であるとするならば、当時、日本は「念力主義者」となっていたようだ。願えばかなえられる。祈れば成就する。だが、「念力主義」では国難に立ち向かえなかった。

昭和六年の満州事変以後の日本は、みずからの願いばかりが大きく膨らみ、他国からどう思われようともまったく意に介さなくなる。そして、偏狭な愛国心におぼれていくことになった。

燃える心を　身で示せ

皇軍の行くところ敵なし。そんな時期であった。だがしかし、スローガンの文字をじっと見つめていると、なんだかもの哀しくなってくる。いまとなっては、自負心と楽観論によって調剤された、一時しのぎの興奮剤を服用したのではないかと思えてくる。

満州事変（昭和六年）以来の国威発揚という後押しを受けて、満州での関東軍は、中央政府の意思を無視して拡大策をとり、やがてそれは満州国の建国（昭和七年）に至る。これは日満経済ブロックを形成して、日本経済に活気をもたらすことを目的としたものであった。そして国民は圧倒的にこれを支持した。

大御心に添っていれば、どんな手段も正当化される——そうした考えが浸透しはじめた。こうして文民政治は徐々に後退し、軍部のやることに間違いはないという風潮がつくられていく。

覚悟の前に　非常時なし

「ボクの覚悟は、
かく如《ごと》し」
「非常識、
非常時だからと手柄顔」

宣伝広告の言葉は、臆面もなく自分をよいもののようにいう。「生活にうるおいを与える」だの「暮らしに彩りを添える」だのといってなんの恥じらいもない。

国策スローガンはそうではない。うるおいも彩りも豊かさも満足も、何ひとつ与えてくれない。それは訓告であり、指導であり、厳命であり、禁止であり、脅迫である。

国際連盟から脱退（昭和八年）した日本は、他国に相談相手をもたず、ひたすら自分の価値観のなかに埋没していく。これまで戦争に負けたことがない、ということだけが自信であった。

進め日の丸　つづけ国民

権力というものは一般に、移り気で、調子に乗りやすく、責任をとることに対しては尻込みをするくせに、自分の利益に対してはあくまでも貪欲である。

国民は満州事変（昭和六年）が関東軍の謀略であると知らされていなかった。中国人の不当きわまりない攻撃と考えていた。

そして、満州での権益拡大を阻止しようとする動きに反発して、わが国は国際連盟から脱退してしまう（昭和八年）。なにも知らない国民は快哉を叫んだ。

この国際的孤立化によって、日本はますます自己権益に貪欲になっていき、他国の批判にはいっさい耳を貸さないようになっていく。客観性を欠いた威勢のいい言葉だけが日本を覆いはじめた。

協力一致　強力日本

「協力」の真相

こういうのを
「一致」って言うんだっけ？

そういう「空気」だったのだろう。

そういう「気分」だったのだろう。

この年（昭和十一年）の二月二十六日、二・二六事件が起こる。青年将校と彼らに率いられた兵士たちが政府要人たちを襲撃した。

この事件後、陸軍が大きな力をもち、彼らに敵対する者は暴力の恐怖におびえることになった。たとえば近衛文麿（首相）を見るといい。近衛がテロにおびえて、政治的決断ができなかったことは一度や二度ではあるまい。

暴力のまえに屈伏する政治――これを可能にしたのが二・二六事件ではなかったか。以後、「協力一致」という同調圧力は、わが国の空気の主成分になった。

暇をつくらず
堆《たい》肥《ひ》をつくれ

ヒマと決めつけないで！　の図

二・二六事件によって、動機が正しければあらゆる行動は是認される、という空気が蔓延しはじめた。

国際的孤立――そんなものは気にしないでもよい。政治に口を挟《はさ》むヒマがあったら田畑で働け。そんな風潮が蔓延した。

そのいっぽうで、軍部は内閣の生殺与奪の権を握り、天皇神格化による臣民意識を涵養していく。臣民はみな同じ方向を見いて休まずに働こう。こうした大合唱がはじまった。

全員が似たような考えになっているときは、ほとんどの人はものごとの本質を考えていない。そして、疑義をはさむごく少数の人は、相手にされないか、あるいはブタ箱へ送られることになった。

胸に愛国　手に国債

鑑識：
「警部、これは手荷物が重過ぎて、屋上から転落したのでしょうか？」
チョーク跡
警部：
「いや、胸ポケットの中味が重過ぎてバランスを崩して落下したのだろう・・・」

国債とは、国を信用していますという証明である。国債をもつかどうかは、とうぜん個人の意思にゆだねられる。しかし、〈買つた国債　売らぬが忠義〉とか〈求めよ国債　家庭の軍備〉とまでいわれると、なんだか押し売りにも似て、そっぽを向きたくなる。大蔵省も軍需物資生産促進へ向けた資本の蓄積のために「国債は戦ふ祖国の血だ肉だ！」と煽った。

日中全面戦争へと突入したこの年（昭和十二年）、鶴彬《つるあきら》はこんな句を雑誌『川柳人』に発表している。

屍《しかばね》のねないニュース映画で勇ましい

手と足をもいだ丸太にしてかえし

彬はすぐに治安維持法違反で特高警察に検挙された。

黙つて働き　笑つて納税

もはや祈ることしかできない、気の毒なほど勤勉な晩鐘的農民夫婦の図。

われわれが不平もいわずに仕事をするのは、やがて仕事をしなくても暮らしていける日がくると信じているからである。だが、仕事をしなくても暮らしていける日はなかなかやってこない。

人生において確実にやってくるもの——それは早すぎる死と容赦のない税金である。

それにしても「笑って」税金を納める人などいるのだろうか。見てみるとよい。納税の時期、人びとは誰もかれも不機嫌である。

このころ（昭和十二年）より日本の経済状況はだんだん深刻になってゆく。だがそれと同時に、戦争に勝てば賠償金がとれるんだ、という〝希望的会計〟も軍部のなかで膨らんでいった。

勇んで出征　進んで納税

客観的に情勢を分析しようとする意思をもたずに、自分の考えのみを正当化していくという〝方針〟を貫いているのが当時の日本であった。

　義務を声高に叫び、権利にはそ知らぬ顔をする。そして、この「義務」というのがまた尋常ではない。金も命もさしだせというのである。

　ジャーナリストの山路愛山は、明治三十年に、「如何なる時代に於《おい》ても人権を侮辱する政府は一日《いちじつ》と雖《いえど》も其命脈《そのめいみゃく》を存《そん》すべき理由を有せざる也《なり》」との声をあげている。

　個人の権利など政府の権力のまえではひとたまりもないことを知っていたがゆえに、愛山は必死の思いで叫びつづけたのだった。

護《まも》る軍機は　妻子も他人

我が家では、軍機はなくとも
会話なし

この時期、日本政府の出先機関は防諜《ぼうちょう》にやっきになっている。

〈敵なき銃後に　敵ありスパイ〉や〈掛けよ国民防諜マスク〉や〈皆に言ふなと　一人に言ふな〉などという標語をつくった。あげく、妻子さえも他人だ、というスローガンまで登場した。ここまでくると、相互不信を支えとする「疑心暗鬼国家」というにふさわしい。家族という紐帯《ちゆうたい》を断絶させて、なにが「一億一心」だ。

この前年（昭和十二年）、中国の主権を認めようというワシントン体制の狙いを無視して、日本は蘆溝橋事件（七月）にはじまる日華事変に突入してゆくが、この事件を契機にして国民は熱狂の渦の中に身をまかせることになる。

小さいお手々が亜細亜を握る

乱暴そうな口ぶりのなかに親切心がこもっていることもあるし、やさしい見せかけのなかに狡猾《こうかつ》なたくらみが隠されていることもある。昭和初期の軍部は、身の毛もよだつ猫なで声で子どもにささやきかけた。「全世界をひとつにまとめて、一家のように和合させましょう。キミたちは軍人になって、それを成し遂げるのです。さぁ、まずは亜細亜から手をつけよう」

この時期、軍部がやらなければならなかったことは、「八紘一宇」などの思想喧伝ではなく、戦争をやるための重工業、化学工業、機械工業をいかに整えるかということであり、それらに必要な原料や資材をどうやって確保するかであった。

そのころの日本は、紡績業、製紙業、食品加工業、その他の雑貨工業など、軽工業が全工業の大半を占めていたうえに、戦争の勝敗を決する重工業を支える原料と資材はほとんど外国からの輸入に頼っていた。

日の丸持つ手に金《きん》持つな

兼好法師は『徒然草』のなかで「欲に随《したが》ひて、志を遂げんと思はば、百万の銭ありといふとも、しばらくも住《じゅう》すべからず」（欲望にまかせて思いを遂げようとしたら、百万の銭があってもすぐになくなってしまう）とつぶやいたが、わが国も国民の金を根こそぎもっていこうとする欲望国家になり果ててしまった。このスローガンには、庶民は金を持つなという国の地金がはからずも露呈している。

　昭和十年代になると、議会では暴力を恐れて軍部に真っ向から批判の矢を放つ議員はなくなり、桐生悠々《きりゅうゆうゆう》などごく少数の言論人をのぞけば、ジャーナリストたちもまた口を閉ざした。軍部のいうことがすべて正しいとされたのである。

金なんか三百年来持ってねえぜ

日本を代表する
手ぶら男の抗議の図

銃後の冬に　寒さなし

公民の務《つとめ》を忘れたそのときに
銃後の冬に春の灯《ともしび》

15才
おめでとう
おたんじょうび
おめでとう
15

出征兵士は「弾除《たまよ》け」のための縫玉がついた肌巻をもらった。銃後の女たち千人がひと針ずつ縫玉《ぬいだま》をつけたのだ。これを「千人針」という。

ところが、これがどんどんエスカレートして、処女がもっとも効き目があるというので、女学校の学生や百貨店の女店員に声がかけられ、千人目のとどめの針は処女の髪の毛にかぎるというふうになっていく。そして、四銭（死戦）を越えるというので、とどめの針で五銭貨をくくりつけるのが流行し、それも性毛がよいというようにもなった。

銃後の女たちは、粗衣粗食を強いられ、暑いだの寒いだのとぼやくなといわれ、兵士のために考えられうる協力を惜しまなかったのである。

国のためなら
愛児も金《きん》も

息子よ
ワシの金持って行け。
帰ってくるなよ。

㋖

日中戦争の戦費が膨大になるにつれ、「一億の国家新体制」という政治スローガンが叫ばれるようになる。戦時経済は国民生活を圧迫した。消費はとうぜん鈍り、そのうえ手にしたものは、それが愛児であっても、国に捧げよとのお達しがとどく。

ある人間の欲望を満たすために犠牲となる人のことを「人身御供」という。英語では、これを「スケープゴート」（身代わりの山羊）というが、スケープゴートを要求する側の目的は、不安を顕在化させることにある。集団の結束力を強めるために、欲望の旺盛なる国は人身御供まで要求して不安を煽るのである。これが強権国家のもうひとつの顔である。

征《ゆ》けぬ身は せめて育児で 御奉公

これがホントの搾取ねっ！
エラソーに産めって言う前に、
安心して育てられる環境つくりなさいよ！
売約済

出征しなかった者は「せめて育児で」お国にご奉公をせよというのである。

「せめて」とは何たる言いぐさか。

育児は「大事業」だという現代である。新解さん（『新明解国語辞典』三省堂）に「せめて」の意味を訊いてみよう。「決して満足とは言えないが、なんとかその程度でも実現（期待）出来たらという主体の気持ちを表わす」とある。

このスローガンの作者は、育児を苦虫をつぶしたような顔で眺めていたようだ。いきなり成人で生まれてきてくれたらすぐに戦争に駆りだせるのに……。そう思っていたにちがいない。

これではならない
戦地へすまぬ

「おお、おぬしも
神々に呪われし者か…」
「いえ、お上が次々に岩を落とすから耐えてるだけで…。
そのうえ説教されてます」
説教
増税
国債
おお
仲間か
むしろ
あんたが
うらやましい
ブルブル
オリンポス山
のシジフォス
御国山
の民草

サマセット・モームは「苦労が人間をけだかくするというのは、事実に反する。幸福が、時にはそうすることがあるが、苦労はたいてい、人間をけちに意地悪くするものなのだ」（『月と6ペンス』）と書いている。

「苦労は買ってでもせよ」などと苦労の効用を説く人たちは、さほど苦労しなかった人ではあるまいか。現実はその逆で、苦労に押しつぶされてしまった人のほうが圧倒的多数を占めるであろう。

このころより、スローガンは「精神」による揚力を、よりいっそう鼓舞するようになる。働きざかりの男たちが召集されて労働力が不足すると、さらなる労働強化が叫ばれ、銃後の人たちは肉体の疲労と精神の荒廃にさらされた。

金《きん》は政府へ　身は大君へ

ワケあって
金《キン》はいくらでも
要るんです。えっ？
自分のためだけに
ムダに使っているって？
そんなことありません。
イヤ、ホント。

陸軍の幕僚たちの主導のもと、国家の体制を戦時体制に切り替えていく「国家総動員法」が第一次近衛内閣のもとで可決されて公布されたのが昭和十三年である。これによって、労務、物資、資金、物価など国内の経済システムから日常生活のありようまで政府の統制下におかれることとなった。議会の承認を必要とせずに、政府に「総力」を自由にできる権限が与えられたのだ。ここに至って、資本主義を支える自由主義的な政治経済体制は完全に否認されたのである。

考えてみると、政府の指導者と刑務所の囚人はよく似ている。いずれも国民に迷惑をかけながら国費で養われているくせして、あれが足りないこれが不足していると要求ばかりしてくる。依頼心が強く、自立していないのは彼らのほうである。

花嫁も国防服

ロレンス
でもないし…
毘
ヨメが武装して
どうする！ よく見いっ！
法衣じゃ、法衣！
だからワシを女とか思う
者がおるのか…？
タワケた まちがいじゃ。

女性はなんのために結婚するのか。子を産んで育て、その子らをお国のために捧げるためである。こうした女性像がスローガンの理想である。少なくとも不妊蔑視である。

　戦時中、主婦たちは、男手のない状態で家事を切り盛りした。彼女たちは投票権をもっていなかったし、戦争を正当化する政治言語になじむこともなかった。

　戦後、男たちは自信を失なったが、復興に際して、たくましさを見せたのは、日常の仕事をいままでどおり黙々とこなしつづけた女たちであった。

子沢山も御奉公

戦ったのは軍隊だけではない。銃後の人びとの労働力、生産力、精神力、さらには生殖力まで「国力」に組織化された。

子どもをたくさん産んで、お国のためにささげよ。それが御奉公だ。こんな標語が女性たちに向けてくりかえされた。

この前年(昭和十三年)、女性史家・高群逸枝の『大日本女性史』の第一巻「母系制の研究」が刊行された。「五坪の書斎のまんなかに、三尺の机をぽつんと置き、『古事記伝』(本居宣長)を一冊のせて」座ったのがはじまりであったが(自伝『火の国の女の日記』)、家父長制を日本社会の生得とする通念を否定する、前人未到の分野に光をあてた快挙として結実した。しかし、その内容が高く評価されたのは、残念ながら戦後になってからであった。

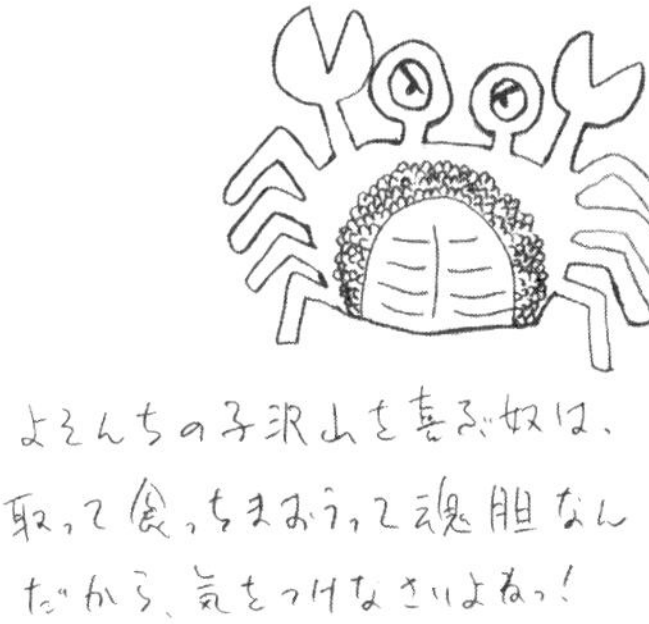
よそんちの子沢山を喜ぶ奴は、
取って食っちまおうって魂胆なん
だから、気をつけなさいよねっ!

祖国の為なら　馬も死ぬ

たわけものっ！
どんなに困っても
ウマがなくては
イザ鎌倉に
馳参じることが
できんじゃろ！
この不忠者めっ！
そうそう。

とんでもない貧乏をしても、ウマをこよなく大切にすることが正しい日本人だと、植木を切りながら教えてくれる佐野源左衛門の図。

大きな嘘をつくには、事実をたくさん並べなくてはならない。また嘘は、使いようによっては真実の産婆役にもなる。

しかし、スローガンが事実を述べることはない。スローガンは、その事実性と深遠さにおいて足りないところを荒唐無稽な虚偽でおぎなうことを常とする。

昭和八年におこなわれた国定教科書改定では、「臣民の道」の教化と「忠君愛国」の精神をもつことが示され、「神国」という観念も提示された。

唐澤富太郎（教育学者）によれば、歴史教科書で元寇のときの台風を「神風」とはっきり述べているのはこのときからだという。

支那の子供も日本の言葉

郷に入っては……
じゃのう。
長安が待ち遠しい。
隋、唐に学び
日本人、大いに国を興こすの図.

先祖伝来の土地を、ローマ起源の言葉で「パトリ」という。そして、「パトリ」を大事にする者が「パトリオット」すなわち「祖国を愛する者」である。「パトリオティズム」（祖国愛）は、自分の暮らしている風土への愛着からはじまる。

「祖国とは国語である」とは、エミール・シオラン（ルーマニアの思想家）の名言である。人は祖国の言葉によって育まれる。祖国の言葉を奪うことは、そこに暮らす人たちの精神的基盤を蹂躙《じゅうりん》することである。

日本語の押しつけはあちらこちらでおこなわれた。昭和十四年になると、朝鮮総督府は、朝鮮式の姓名を日本式の氏名に改めさせた（これを「創氏改名」という）。朴正熙（のちの韓国大統領）は「高木正夫」と称した。

笑顔で受取る　召集令

笑っていたと報告書には
書いといてくださいっ！
き

人の気も知らないで、よくもまあいってくれたものである。

召集令状のことを、赤紙に印刷されていたので「赤紙」といった。召集をすっぽかすしたら、草の根を分けても捜しだされた。川柳にいわく――

昔むかし赤紙という人さらい　（矢田あきこ）

こんな思いで「赤紙」を見ていた人もいる。

さて、日本はどうして戦争を欲したのか。それは戦争に勝利することで味をしめたからだ。日清戦争では当時の国家財政の一・五倍の賠償金を手にし、日露戦争では満鉄の利権をはじめとするロシアの権益を確保し、樺太の南半分をわが国の領土にすることに成功した。昭和の軍人たちも、そうありたいと夜郎自大的に強く願っていたのは間違いない。

進め大陸　花嫁部隊

進め大陸って、
どこまで進めばいいのよ！
アルプスが見えてきたじゃない。
どーすんのヨ!!

満蒙移民政策が本格化すると、満蒙開拓青少年義勇軍が創設された。この計画は徴兵以前の満十六歳から十九歳の少年を国防の第一線に立たせようとするもので、昭和十三年から四年間に、三十一万人の少年を満州に送り込む予定であった。

そして、富国強兵のため、「産めよ殖やせよ」のスローガンが掲げられ、大陸の花嫁となるべく「花嫁部隊」が各地で結成された。昭和十三年には「花嫁部隊の唄」（作詞・若林雄三郎、作曲・中山晋平）もつくられ、開拓地・満州に嫁いだ女たちを称揚した。

だが、彼女たちを待ち受けていたものは、またしても勤労と節約であった。

数年後には、これにソ連軍の進攻と満州人の襲撃がくわわったが、日本人を守るはずの関東軍はすでに退散しており、開拓民は置き去りにされて、引き揚げは悲惨をきわめた。

己の事は後廻し

ここじゃ後先ないでしょ
恩着せがましく言われてもなぁ…
さっ、さっ、お先へどうぞっ!
イイコトしているなぁボク!
「後廻し」どころか、閉塞状況で出口のない国で堂々めぐりをしていることにも気がつかない国民の国。

自分のことはあとまわしにして、何を優先せよというのか。いうまでもないことだ。国家である。

国家とは何か。国家は、あるひとつの集団（支配層）が別の集団（被支配層）を圧迫する装置であるということだ。このことは君主政体であろうと民主政体であろうと変わりはない。その「あるひとつの集団」に属していない人びとはそのことを忘れてはならない。

支配層が「総力戦」だと名づけてから、人びとの困窮はすさまじいものになった。庶民は額に汗して働くいっぽう、土俗の神々に手を合わせ呪願をすることをもっぱらとした。

飾る体に　汚れる心

き
こっちの事情も知らないで
ナニ言ってんの!
生き残りのための機能美
と言え!

昭和十五年のいわゆる近衛新体制運動をきっかけに、政党と労働組合は解散、一党独裁体制が構想されて、政府の補助機関である大成翼賛会が誕生。町内会、部落会、隣組、隣保班が組織されて、国民の生活は政府の指示によって容易に動かされる態勢がととのえられた。これによって国民の生活は束縛され、自分で選びとる自由はますます制限された。同時に、狂信とは、選択肢が少なくなればなるほど育ちやすくなることも証明された。

また、この年（昭和十五年）、政府が「奢侈《しゃし》品等製造販売制限規則」を公布すると、街には「ぜいたくは敵だ！」のポスターや看板が並び、「華美な服装はつつしみましょう」の合唱がはじまった。髪型や化粧にまで監視と自粛が及び、世は一挙に灰色の戦時色となった。

贅《ぜい》沢《たく》は敵だ

ミルクの一滴は
ゼイタクの一滴だから
ガマンしろ、ですって!

(き)

フェルメール的な、ささやかな日常も
許されなくなった 庶民の図。

井上剣花《けんか》坊《ぼう》という川柳作家がいる。

　国難に先立ち生活難が来る

社会の実相をついている。

　ちと金が出来てマルクス止めにする

庶民のしたたかさというより、思潮のいいかげんさを突いて痛快である。しょせん主義主張などは自分の都合に合わせて身につけるものなのだ。それが証拠に、戦後の日本は〝転向〟をして、「ぜいたくは素敵だ」を掲げるようになった。

「贅沢は敵だ」のスローガンによって、〝奢侈品〟をつくっていた中小の会社はつぶれ、失業者があふれ、さらなる不況になっていった。

人並と思ふ心が奢《おご》りの心

「エーッとね、おかあさん
人並と思う心が
オゴリのココロって
校長先生も言ってたよ」
通知表
き

「ものごとには限界というものがあって、我慢が美徳でなくなるときがある」(『国家の現状』)と語ったのは、イギリスの思想家にして政治家のエドマンド・バークである。

自尊心を傷つけられたら怒らなくてはならない。どうしても欲しいと思ったら声をあげなくてはならない。それは、我慢が美徳の問題ではなく、人間の尊厳にかかわる重大事であるからだ。

自分を憐れんだり、「まあ人並みか」と自分をなぐさめたりするささやかなぜいたくがなければ、人生を耐えられない場合がしばしばある。

日の丸持つ手に
奢侈品《しゃしひん》持つな

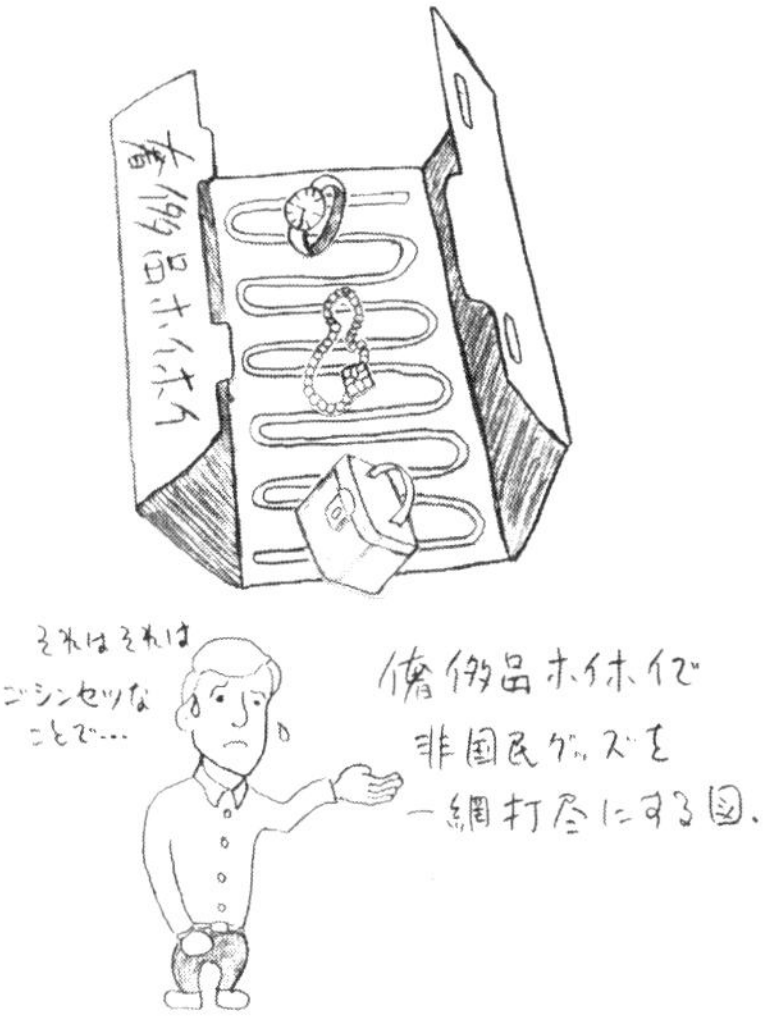
奢侈品ホイホイ
それはそれは
ゴシンセツな
ことで…
奢侈品ホイホイで
非国民グッズを
一網打尽にする図。

節約は美徳である――この説得はなかなか国民に受け入れられなかった。だからこそ、戦時下にあってさえ、政府はこの種のスローガンを持続的にくりかえした。

「節約の美徳」を徹底的に教え込むために、やむなく戦争をつづけたのであろうか。そんな皮肉もいいたくなる。

昭和十五年七月六日の日記に永井荷風はこう書きつけている。

《奢侈品制造及《および》売買禁止の令出づ。〈中略〉江戸伝来の蒔絵彫金《まきえちょうきん》の如き工芸品の制作または指物《さしもの》の如きものはこの度のお触《ふれ》にていよいよ断絶に至るべし。かくの如き工芸品の制作は師弟相伝の秘訣と熟練とを必要とするものなれば一たび絶ゆる時は再び起らざるものなり》(『断腸亭日乗』)

こうした洞見をもった者が、当時どれほどいただろうか。

聖戦へ
贅《ぜい》沢《たく》抜きの
衣食住

さ、さぁ〜て、テーブルクロスを見事、
抜いてみせますよ〜〜。
全部ひっくり返るだけだ
ヒトのメイワク考えろっ!
ヤメナサイ!

爆弾を惜しげもなく落とす戦争を見て、ある兵士がこうつぶやいた。

「贅沢なものじゃのう、戦争ちうものは、まるで贅沢じゃ。そもそもが、戦争ちうものは費用のかかるものじゃ」

これは井伏鱒二の『遥拝隊長』にでてくる言葉である。切り詰めた生活と、ぜいたくな戦争という二つの光景をまえにして矛盾を思わないではいられない。

もとより節制をうながす言葉にも節度というものがある。「没落してゆく民族がまず最初に失なうものは節度である」との名言を残したのはシュティフター(『水晶』)だが、その「節度」にはもちろん言葉づかいにおける節度も含まれている。

家庭は小さな翼賛会

息子が金属バットを購入したのを見て、「野球でもはじめるつもりなのかな」と思うのは健全な親である。「ひょっとして親の頭を……」と考えるのは不幸な親である。「そのバットで鬼畜米英を飛行機を叩き落とせ」と叫ぶのは翼賛会の親である。

戦時下、鉄を竹の槍《やり》で打ちのめそうとする無謀な竹槍精神というものがあった。スローガンは、世相の色合いと表情をはっきりと映しだす。

昭和十五年、各政党は率先して解散し、大政翼賛会に吸収されていった。陸軍が目指していた「親軍的一国一党」が成立したのだ。

これは昭和政治史の一大事であり、ここに至って議会は完全に「死んだ」のである。これに代わって、翼賛会が日本全国で猛威をふるいはじめた。

待て一歩
国に捧げた
身を護《まも》れ

これならケガしないか…
ホントに
コレでいいのかな？
き
御国に捧げた身体を大事にする愛国力士の図

交通事故防止のための標語である。だが、なんのことはない、おのれの身は国に捧げたものだから、交通事故ごときのもので失なってはならない、というのである。要は、命を落とすなら戦場で、といっているのだ。

このほか、〈事故で散らすな　捧げる命〉とか、〈事故で減らすな　銃後の力〉などのスローガンもつくられた。

この年（昭和十五年）、紀元二千六百年記念式典がおこなわれた。記紀をもとにして日本が神武天皇によって開かれたという神話を土台に据えての皇紀二千六百年（神武天皇が即位した年を元年とする紀元を皇紀という）であり、臣民は神国日本のために身を捧げることになった。

男の操だ　変るな職場

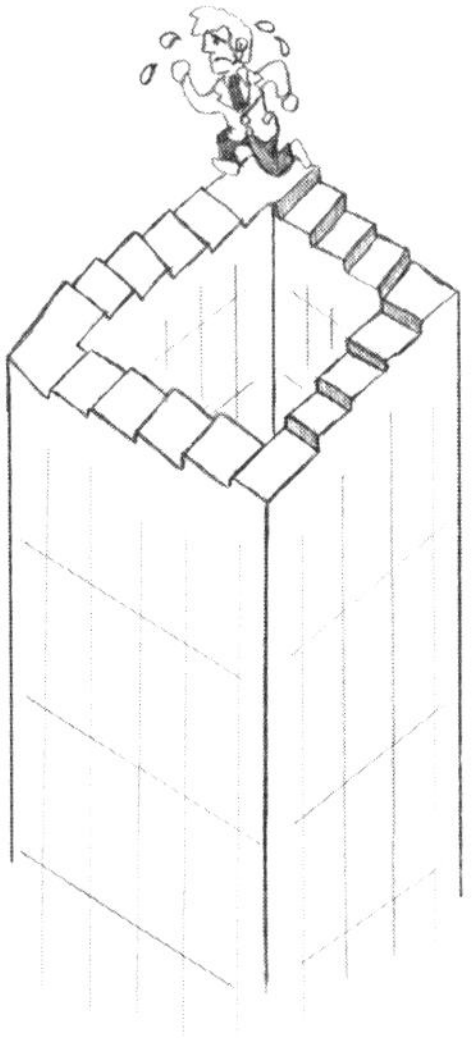

エッシャー的社屋を
駆け回り続ける
忠国青年の図

この標語がだされた翌年（昭和十六年）、労働力の移動防止を目的とした「国民労務手帳法」が公布され、これがないと米の配給が受けられなくなった。それで職場に皆、はりつくようになった。

戦争をするとは、すべての国民を戦争のために動員できるシステムをつくりあげることであった。そうなると、もはや国民には「理想」はなく、ただ「必要」だけが要求されることになる。

昭和十五年、紀元二千六百年記念式典が、大君（天皇）を迎えて皇居前広場で挙行された。川柳にいわく――

亀の子のしっぽよ二千六百年（半文銭）

万年も生きる亀からみれば、二千六百年なんてまだ亀の子のしっぽよとの痛烈な皮肉である。

美食装飾　銃後の恥辱

別に銃後で何着ようが食おうが
どうでもいいけどね、正味の話…
戦場の我等は
着飾っていますけど…
ネイティブ
アメリカン
ローマ兵
戦国武将

同胞を苦しめてまでやる戦争とはなにか。

なぜ日本は勝ち目のない戦争を継続しようとしたのか。

結果、公式には日本は三一〇万人の戦死者をだしてしまった。

軍人は、戦争に勝つことで、多くの賠償金と権益を得ることができると考えた。すなわち戦争に勝利すれば、国を富ませることになる。そして同時に、それは天皇陛下の御心を安かしめることにもなる。こう信じて戦争をつづけたのである。

これが私のたどりついた結論である。

数々の国策スローガンもこうした心理から生まれたのだと考えることができる。

りっぱな戦死と
ゑがほの老母

我が子の戦死を笑顔でむかえる老母を理想とする国家とはなんぞやと悪態をつきたくなるが、じっさいの老母はどうだったのか。

満二十三歳のある医学生は次のようにつづっている。昭和二十年一月二十八日の日記である。

《上野界隈も兵士学生の出動に満ち、嗚咽しつつ往還の人に訴うる老婆あり。埋没中の家族を必死に発掘中の人々あり》（山田風太郎『戦中派不戦日記』）

山田風太郎は、この日記がそれほど貴重かどうかわからないが、「一点の嘘はない」し、なにより「民衆側の真実の脈搏《みゃくはく》」を伝えたいと思って、日記の刊行にふみきった。この日記のおかげで、多くのスローガンの欺瞞があぶりだされることになった。

何のこれしき戦地を思へ

役者にとって化粧は戦いだ！
ギャルの私も戦い続けてるヨ
厚塗りなら負けるもんですかっ！

戦場における兵士たちの辛苦は想像を絶するものである。

とはいえ、銃後の人びとが安楽な生活を送っていたわけではない。多くの人びとは食うや食わずの生活をしていたのだ。餓死した人もいる。

ヴィクトール・フランクル（精神科医）の一家は、第二次世界大戦中に、ユダヤ人というだけで全員アウシュビッツの強制収容所に送り込まれた。そして、彼ひとりだけが生き残った。

《強制収容所を生き残る可能性の最も高かった人は、未来に向かって生きることのできた人たちであった》

『〈生きる意味〉を求めて』のなかで彼は当時の様子をこう回想している。

「未来に向かって生きることのできた人」がわが日本にも少なからずいたことがせめても救いである。

この子育てて
御国へつくす

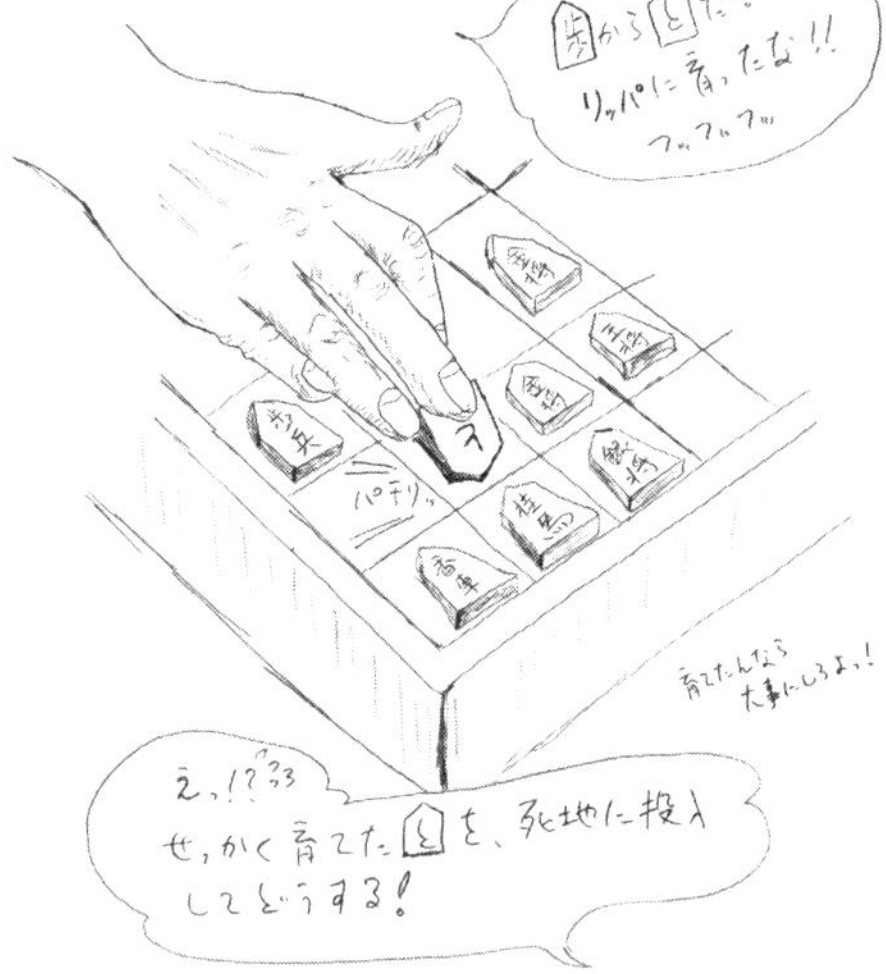

社会に役立ち、国へ貢献できる人間でありたいと思う。だが、子どもの命までよこせという権勢に誰がすすんで命をささげるのか。「権勢とは何ですか。福の神の前で低頭し、人のいのちを供え物にすること、それが権勢じゃないですか」とは郭沫若《かくまくじゃく》（文学者）の『歴史小品』にある一節である。

また、戦時下における第一級の資料といえる小松真一（比島〔フィリピン〕に派遣された技術者）の『虜人日記』には、「国家総力戦というのに、文官は毎日する仕事もなくただ仕事をしている振りをしたり、堂々と遊んだり、各々の人柄により勝手な事をしていた。そして、皆、不平ばかり言って酒を飲むこと、女と遊ぶことに専念していた」とある。文官とは、御国へ尽くすことを率先してやらなければならない、軍隊内でのお役人のことである。

儲けることより奉仕の心

大企業　いつも「奉仕」は　うわべだけ
リッパな社屋に　儲けが輝く

働け。だが、儲けてはならない。

働け。それは奉仕なのだ。

要するに、このようなことをいっているのである。つい、「愛の表現は惜しみなく与えるだろう。しかし、愛の本体は惜しみなく奪うものだ」(『惜しみなく愛は奪う』有島武郎)の一節が頭をよぎる。

日本国民に国を愛する気持ちはあった。だが、国は惜しみなく奪うばかりであった。

この時期(昭和十五年)より、政府は「臣道実践」が合言葉となるように強要したが、それはすなわち奉仕の義務を意味していた。強制された奉仕とは、「絶対服従」の言い換えであることはいうまでもない。

屑《くず》も俺等も七《しち》生《しょう》報《ほう》国《こく》

「七生報国」とは、七たび（何度も）生まれかわっても（つまり、永久に）、国のために報いるということである。

それにしても、「屑《くず》」と「俺等」を同等あつかいするとは、もうやぶれかぶれである。

バートランド・ラッセルは「政府がちょっと手を貸せば、どんなにバカげたことでも大多数の国民が信じるようになる」と語ったが、政府が手を貸せば、屑も自分も、ミソもクソも識別がつかなくなるようだ。

スローガンにおいて重要なのはくりかえすことだった。かのアドルフ・ヒトラーも「大衆は小さな嘘より大きな嘘の犠牲になりやすい。とりわけそれが何度もくりかえされたならば」といっている。

㋖

翼賛は戸毎《こごと》に下る動員令

ちょっと！ ナニ勝手に
ひとんちの岩戸あけちゃってんのよ！
「住居の不可侵」知らないの!?
憲法35条、読みなさいよ！

この年の前年（昭和十五年）十月十二日、首相官邸で「大政翼賛会」の発会式がおこなわれた。席上、近衛文麿（首相）は「本運動の綱領は『大政翼賛の臣道実践』ということに尽きると信ぜられるのであります。……『上御一人に対し奉り日夜夫々《それぞれ》の立場に於て奉公の誠を致す』ということに尽きると存するのであります」と述べた。

翼賛とは力を結集して「天子」を助けることであり、臣とは「君」のこと、上御一人とは「天皇」のことである。「君臨すれども統治せず」という天皇の〝真意〟を勝手に慮って、政府と軍部は自分たちの思いつきを設計なしに次々と実行していくのであった。そして、行き着いた先のスローガンは、「一億総特攻」と「国民の血の最後の一滴まで戦う」であった。

強く育てよ召される子ども

育てた子どもにムチャさせないのが大人の務め　き

人間が勝手なやり方で犬を愛しているように、政府も勝手なやり方で国民を愛しているのではないか――政治家はつねに頭の片隅でこうした危惧をいだいていなければならない。

子どもは、その身の内にさまざまな可能性を宿している。しかし、世の中にその可能性を生かすシステムがあるかどうかが問題である。軍隊に「召される」ことしかない子どもは、可能性に出会うことも、またそれを生かすこともできない。それは子どもにとってだけでなく、国の将来にとっても不幸なことだ。

このころより、子どもを人質にとって、その命を国にさしだすようにと強要する声がますます大きくなる。

昭和十九年には、日本の軍人や兵士は陸海合わせて総計でなんと八〇〇万人に達していた。

働いて
耐えて笑つて
御奉公

き
天に届くまでガンバローって…。
天罰が下らなくてもムリでしょっ!!

経済とは「経国済民」のこと。つまり国を治め、人民の生活苦を救うための活動をいう。だが、当時の指導者は国民の暮らしを豊かにしようとはまったく考えなかった。ひたすら国家に一身を捧げて仕える「御奉公」ばかりを国民に要求した。

では、国家財政は磐石だったかというと、これが信じられないほどどいい加減であった。

考えてもみてほしい。昭和十五年、日本は石油の四分の三をアメリカから買っていたのである。そして翌十六年、石油の確保をどうするかについての将来的な見通しもあいまいなまま、無謀にもアメリカに戦争を挑むのだ。精神力でどうにかなる、と真剣に思っていたようだ。

屠《ほふ》れ米英　われらの敵だ

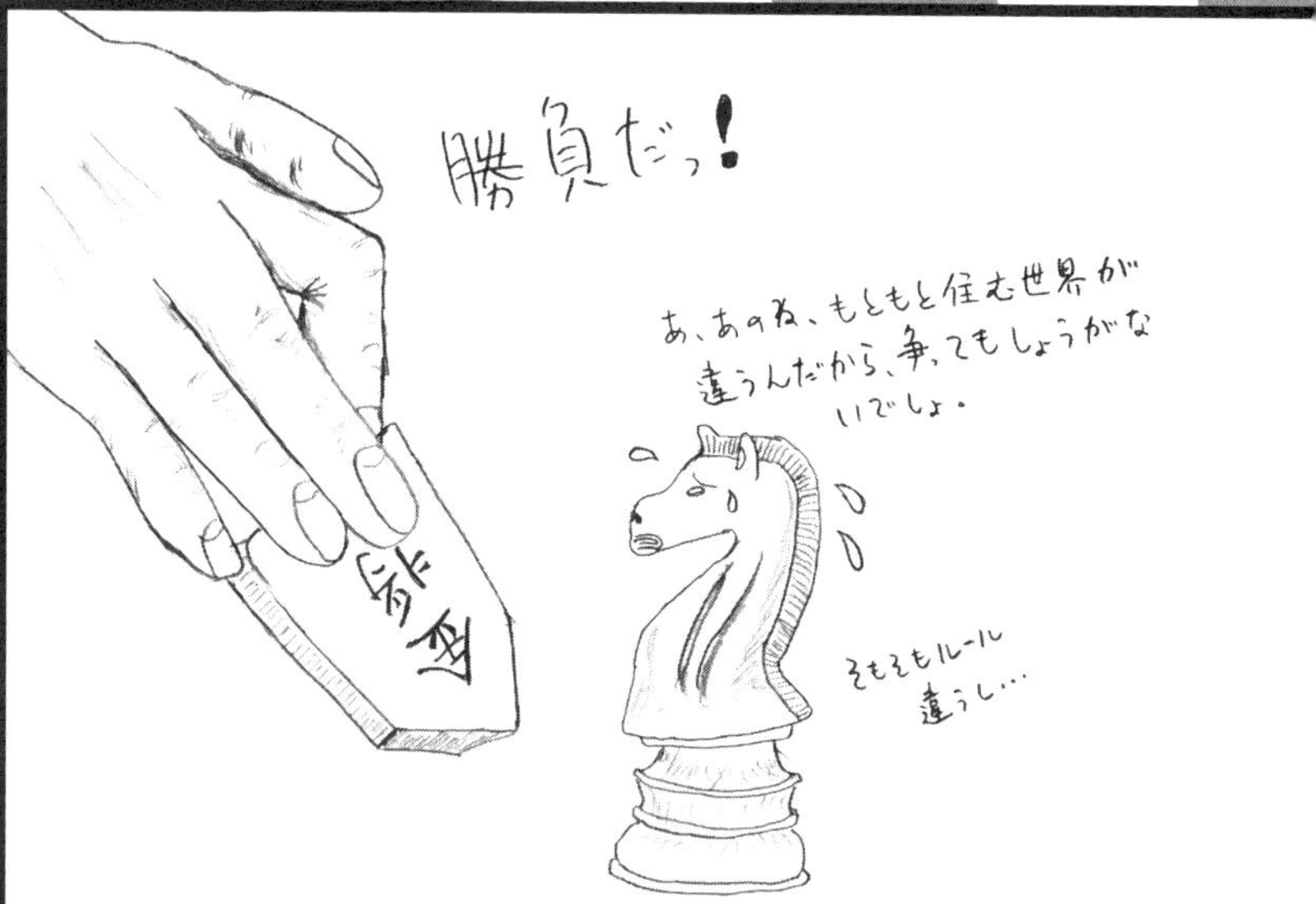

勝負だっ！
あ、あのね、もともと住む世界が違うんだから、争ってもしょうがないでしょ。
そもそもルールも違うし…

この前年（昭和十五年）の九月、日本はドイツとイタリアと三国同盟条約を締結する。この条約が、アメリカとイギリスを仮想敵国をするという内容であったことはきわめて重要である。この条約の締結により、三国は英米と完全に対立することになり、日本はとりわけアメリカに憎悪をつのらせていく。

だが戦後、日本は「アメリカ教」の信仰することになった。GHQを好意的に受け入れ、連合国最高司令官のダグラス・マッカーサーを「平和の使者」のようにあつかった。

近年、日本人の合言葉は「国際化」もしくは「グローバル化」になっているが、その中味は「アメリカ化」である。日本のアメリカ観は、冷静にものを見ることのできない幼児のようにコロコロ変わる。

節米は
毎日出来る
御奉公

日本史上屈指の
うつけ者に、うつけと怒られる
このタワケがっ！
ハラが減って
いくさができるかっ！

「ほお〜メシを喰わぬが奉公か！　そんなたわ言をほざく大将で勝てるいくさなど万に一つもないわっ!!」

なぜ、節米をしなければならなかったのか。

日華事変のまえの日本には、米はありあまるほどあった。食糧の自給はあたりまえにできていた。

だが、日華事変のあと、応召、軍需産業への労働力の流出で、農村における労働力がいちじるしく不足する。そのうえ、家畜（軍用馬）の徴発、肥料（硫安《りゅうあん》・過燐酸・石炭窒素）や農業資材（鍬《くわ》・鋤《すき》）の入手難がくわわり、農地は荒れていった。これが「節米」しなくてはいけなくなった原因である。

このころ（昭和十六年）、政府と軍部は「ＡＢＣＤ（アメリカ・イギリス・中国・オランダ）包囲陣による経済的圧迫で存亡の危機にある」と国民に説明したが、そもそもの原因は指導者たちの客観性を欠いた将来的見通しのせいであることに疑いの余地はない。

古釘《ふるくぎ》も生れ代れば陸奥《むつ》長門《ながと》

チリも積もれば大和《ヤマト》なる

「陸奥」も「長門」も、いずれも日本海軍の主力艦として知られた軍艦で、当時の少年たちの憧れの的であった。

古釘を拾って歩く子どものことを思ってみよ。ドングリを拾って軍馬の飼料にし、イナゴを食べてタンパク源を確保する少年たちのことを想像してみよ。いったい彼らはどんな希望をいだいて日々を生きていたのか。軍人なる夢か。科学者になる夢か。医者になる夢か。「希望」の希の字は、「希薄」の希でもあった。

昭和十六年の夏が終わりかけたころより、新聞には連日、「金属回収」を呼びかける記事が載るようになる。この時期、すでに兵器をつくる金属は大量に不足していた。

いつでも征《ゆ》ける身体作れ

ゼッタイ、ムリッす!!
何かが待ち構えています!
よーし飛びこめ!
3
2
1

昭和十六年、陸軍大臣・東條英機の名で「戦陣訓」が陸軍内部に発布された。当時、東條は陸軍で権勢を誇っていた。この「戦陣訓」の教えを守り、捕虜になるのを拒んで自決したり、玉砕作戦に身を投じた兵士たちがいた。それほどまでに、この「戦陣訓」は拘束力をもっていた。

本訓その三の第八では、「生きて虜囚の辱《はずかしめ》を受けず、死して罪禍の汚名を残すこと勿《なか》れ」との決意をうながしてもいる。

だが、戦争が終結したとき、東條はみずからが示達した「戦陣訓」にそむいて自決しなかった。それどころか、GHQ（連合国総司令部）の将校が逮捕しにきたとき、あわてて自殺（未遂）をこころみている。

今は節米　酒は飲むまい

じゃ何よ！
今、ワタシがこの杯
返したら、この式
いったいどうなるのよっ！

人生に深く思いをいたす人間なら、人生が悲哀で満ちていることを知っていよう。生きることは多かれ少なかれ悲哀との二人三脚だ。「飲酒は、文明に対する一つの辛辣《しんらつ》な諷刺」（『虚妄の正義』萩原朔太郎）であり、ときに悲哀をなぐさめてもくれるものだが、政府は国民に、肉体へも精神へも栄養を与えないように厳命した。

また、政府は米の増産計画を安易にだしたが、現場では労働力不足のため、増産など夢のまた夢であった。この年（昭和十六年）の十月、東條英機内閣が発足。アメリカとの圧倒的な戦力差があったにもかかわらず、日本人は精神力で勝っているはずだから五分五分で戦えると結論づけた。東條の「念力主義」にはあきれるばかりだ。

飾らぬわたし
飲まないあなた

飾りもダメ？ 酒もダメ？
神サマに何て言えばいいんだよ…

現実の世界が不条理であることを、みずから不条理な存在となることで耐え忍ぼうとすべく発明されたのが酒である。アルコールを飲めば、目の前にいる女性が化粧をしていなくても、その不条理を受けとめることができる。化粧をしない「あなた」と、酒を飲まない「わたし」では悪夢の日々がつづくばかりである。

昭和十六年の暮れ、新聞事業令によって新聞社の統合がおこなわれ、さらに戦時立法として「表現の自由」にかかわる権利も否定された。新聞人は軍部のよき代弁者となったのだ。こうして国民生活のあらゆる領域は戦時体制に組みこまれていく。朝日新聞社などは、いちはやく〈戦地想えば　酒どころか〉や〈今は非常時　酒はやめ時〉（いずれも昭和十四年）などのスローガンを載せた。

戦場より危ない酒場

ウィ〜
マサカ、ここまで
うまくいくとは…
難敵ヤマタノオロチが
かくもあっさり酔いつぶれるとは…
酒は飲んでも飲まれるな、だなあ

戦後、ベストセラー小説となった『肉体の門』の作者・田村泰次郎は、戦時下の様子をこうふりかえっている。

《大陸の奥地には、日本軍のあるところ、必ず朝鮮の娼婦が追ってきていて、私は古参兵になるにつれて、酒と女体を、ひたすら追うようになった。特に戦闘があって、戦死者が出、その死者の部屋の隣室での、ふんどし一つの裸の宴の酒は、残酷なほどうまかった。〈中略〉片言の日本語をあやつる、ニンニク臭い女体を抱き締めながら、私は生の陶酔感に気が遠くなるようであった》（『わが文壇青春期』）

酒場で酔うよりも、戦場での酩酊《めいてい》状態のほうが、はるかに恐ろしい。

酒呑みは瑞穂《みずほ》の国の寄生虫

そうなのか 天皇陛下は
下戸だっけ？
き

酒呑みは寄生虫なんだそうだ。そんなことをいっていいのか。

日露戦争では乃木希典や秋山好古が、十五年戦争では岡田啓介、田中頼三、工藤俊作、大西瀧治郎といった軍人たちが大の酒好きであった。

戦場にあって、任務から離れれば酒を呑んでいた軍人ならそれこそ無数にいたはずである。このスローガンの作者にいわせると彼らも寄生虫ということになる。

若い読者のためにひとこと添えると、「瑞穂《みずほ》」とはみずみずしい稲の穂ことで、わが国をほめていうときの美称である（もちろん、清酒と称され御神酒《おみき》と呼ばれる日本酒も米を原料としている）。

この時期、米どころでは、農地が労働力不足のために荒れ、瑞穂の国にはふさわしくない景観であったそうな。

一寸《ちょっと》一杯　いや待て債券

御国証券
プップカプー、
サァ皆サンコチラヘ
何モ心配イリマセンヨ
何かイヤな
予感…
やきとり
ハーメルンの笛吹き男、
日本に突如現われるの図

酒の一杯も我慢して、債券を買えというのである。大きなお世話である。

政府は膨大な戦費を充当するために割増金付勧業債券を発行した。一枚十円で、当たれば割増金がついた。戦争をするための資源に乏しい日本は、軍需品の生産力を拡充するために民需を犠牲にしてしまったので、輸出貿易は不振をきわめた。外貨や金が不足すれば、とうぜん軍需品の原料も輸入できなくなる。

そこで目をつけたのが国民の貯蓄である。国民の貯蓄によって国債を消化する以外に途はない。戦争の勝敗は、国民の貯蓄にかかっている。〈貯金は身の為国の為〉という標語もつくられた。ここでも、指導者に「戦争設計」がなかったことがみてとれる。

汗の化粧で　健康美

こ、こんな生活がケンコーに良いだって!? ㋖
それじゃあ、大臣サマも ぜひどうぞ! 汗

どこかのスポーツクラブの広告文にでも使えそうである。

戦時下、化粧は奢侈《しゃし》とみなされた。要は、女であっても化粧をするなというのである。

情報局は、化粧をしたり髪にパーマをかけたりする「有閑婦女子」らを写真におさめ、それを『写真週報』に掲載してつるしあげた。あるキャプションには「こんな人はアメリカに行つてもらひませう」とある。

三島由紀夫は『永すぎた春』（昭和三十年）という小説のなかで「美しい身なりをして、美しい顔で町を歩くことは、一種の都市美化運動だ」と叙したが、昭和十六年ごろの日本国民はそうした「都市の感受性」をもつことさえ禁じられてしまっていた。

海の民なら　皆泳げ

人はしばしば弱さからしたたかになり、臆病から向こう見ずになる。

むろん臆病であるがためにものごとの正味を見ることもあるが、冷静に考えることをやめた臆病は、思慮をいちじるしく欠いた無謀と結託する。

この標語に見える寒中水泳的な精神主義は、そうした無鉄砲な臆病に由来するのではないか。「石橋を叩いて渡れ」という言葉があるが、当時は「石橋を叩いて、ぶっ壊して、泳いで渡れ」という精神風土であった。

もつべきものをもたず、やるべきことをやらずに敗北した日本。

日本の致命的弱点は「念力主義」にある。

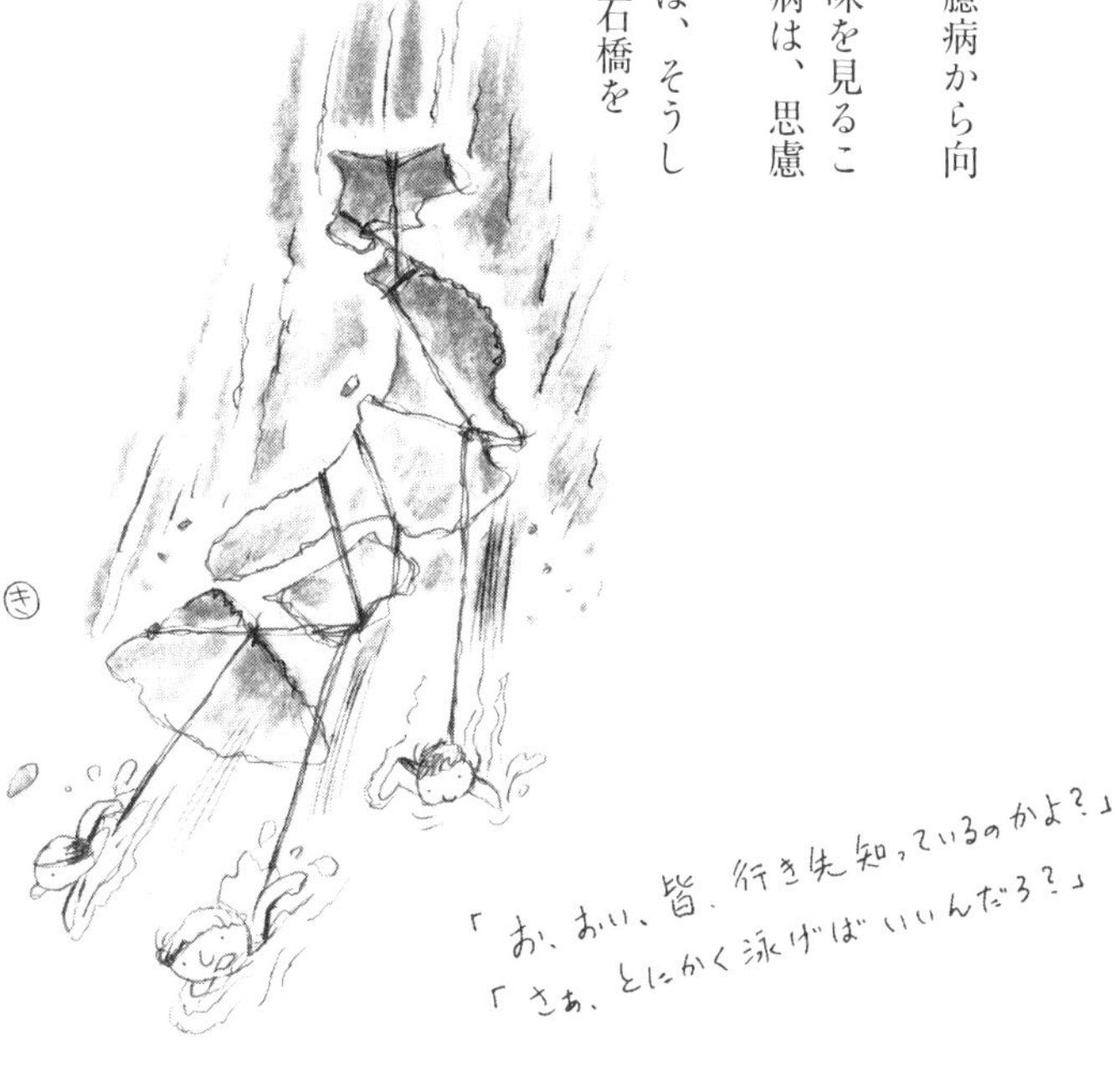
「お、おい、皆、行き先知っているのかよ？」
「さぁ、とにかく泳げばいいんだろ？」

子も馬も捧げて次は鉄と銅

ということでレアアース回収のため
スマホはみな溶かします。
安全第一
バチ バチ バチ

なにからなにまでむしり取ろうとする強権国家の情熱にはすさまじいものがある。フランスのモラリストであるラ・ロシュフコーは「情熱はしばしば最高の利口者を愚か者に変え、またしばしば最低の馬鹿を利口者にする」と喝破したが、冷静さを欠いた情熱は迂愚《うぐ》なうえにハタ迷惑でもある。

戦死した子を想って、小泉信三（慶應義塾長）は「僕はもし生まれ替って妻を択べといわれたら、幾度でも君のお母さんを択ぶ。同時に、もしも吾子を択ぶということが出来るものなら、吾々二人は必ず君を択ぶ」（『海軍主計大尉・小泉信吉』）とつづっている。

これが子に対する親の気持ちというものであろう。このスローガンの作者は人間をモノあつかいしている。

無敵日本に
無職をなくせ

働いてなんか
いられるかい
あそんで暮らす元祖ストーカー光源氏。のぞいてます

昭和十五年、政府は「奢侈《しゃし》品等製造販売制限規則」をだした。これによって、ぜいたく品、奢侈品、不急不用品の製造販売は、原則として禁止された。指輪、宝石、貴金属、刺繍した織物、帯留などがその対象となった。

このことは何を意味するのか。関連業者の転業と廃業を生んだのである。とうぜん転職者もでたが、失業者も多数でたのである。「この非常時に贅沢をする者は非国民だ。贅沢は敵だ」のキャンペーンのせいで、せっかくつくった手持ちの製品は売れず、売れなければ金融の目途がたたず、途方にくれることになったのだ。政府が職を奪っておいて、「無職をなくせ」とは理不尽きわまりない。

遊山《ゆさん》ではないぞ 練磨のハイキング

コラーーッ
10回目だぞ!
十戒
歩くな 歌うな
休むな 口笛吹くな
横見するな 話すな
下向くな 笑うな
上向くな ころぶな

シナイ山で超厳しい登山の鬼コーチ

英米がきらいなくせに、なんで「ハイキング」などという横文字を使いたがるのか。「徒歩旅行」ではいけないのか。

さらにいえば、「練磨のハイキング」はもはやハイキングとはいえない。それはもう「苛酷な行軍演習」であろう。

それにしても戦時下のスローガンは、どれもこれも威丈高な叱咤調であるのにはうんざりさせられる。

この年（昭和十六年）、国民学校令が公布され、小学校は国民学校に改編された。その目的は「皇国ノ道ニ則《のっと》リテ……」ではじまるから、もう察しはつくだろう。勉強のほうはそっちのけで、男子は軍事教練、女子は救護訓練をさせられることになった。

まだまだ足りない
辛抱努力

た、足りない？
ううっ…
失なわれた20年間も
耐えてきたのに。
あんまりだ…。

辛抱や努力が足りないことを頭ごなしに咎《とが》める人は、おうおうにして想像力が欠如している。

人間の性癖のなかには、怠惰をなんとかして身につけようとする辛抱づよさがあるし、横着に情熱をかたむける努力もある（現代の、「めんどうくさい」にかける情熱には目をみはるものがある）。

横からではなく、上から「辛抱努力」を連呼する声には、誠意ある怠惰と横着をもってこたえよう。

それにしても、当時の支配者たちが〝賢かった〟と思うのは、ほとんどの人がなんの見返りもなくあくせく働いて、そのうえに重税を払う社会体制に対し、国民に疑問をいだかせなかったことである。

国策に
理屈は抜きだ
実践だ

国益になるための方策を国策という。ゆえに、国策は理をつめながら推し進められなければならない。国策だからといって批判はいっさいゆるされないというのは、あきらかな言論弾圧である。国家が権威への批判をどのレベルまで許すかが、その国の民衆の忠誠心をどの程度までつかんでいるかについてのもっとも確実な指標であろう。

昭和十六年三月、六百六十点という出版物が一括発禁になり、雑誌ジャーナリズムにおいても〝理屈〟を並べる雑誌は情報部から目をつけられた。あげく、『改造』をのぞけば、ほとんどすべての雑誌が、権力の意志を代弁するイデオローグの役割を担った。

国が第一　私は第二

あるものを指して、「これは命の次に大切なもの」という。だが、悲しいかな、人間は「命の次に大切なもの」を喪失すると、自分を自分と感じられず、ついには自分の命まで投げだそうとする。

しかし、国家は、国にとっていちばん大切な民を失っても、薄情にも存続しようとするらしい。その意味において、国家は吸血鬼に似ている。国民の血を吸うと活気づくのだから。

だが、兵士にいさぎよく死ぬことを強《し》いた東條英機(首相)や牟田口廉也(「インパール作戦」で多くの死傷者をだした指揮官)は自決しなかった。牟田口にいたっては、戦後、部下に失敗の責任を押しつけ、自身は「畳のうえで死んだ」のだった。彼らは「私」を優先したのである。「言行一致」と「率先垂範」という言葉の意味を知らなかったらしい。

任務は重く　命は軽く

国家が強要する任務は、よそ目にはちょっとたのしそう見える。しかし、いざやってみると苦しいものだとわかる。そのうち苦痛は耐え難いものになるだが、そこを通過すると、苦労それ自体が快楽になり、それと同時に命も軽く思えてくる。国家の要求する任務というものは、本来的にそうした性格も帯びているようだ。

しかし、〝玉砕〟の命令をくだした側の命は「軽く」なりはしなかった。敗戦後、自決するどころか、GHQにすり寄り、衣食住をあてがわれた優雅な生活をする幕僚たちがいた。兵士は虜囚の辱《はずかし》めを受けることを拒否して自決し、また国民は食うや食わずにいたのにである。

日の丸を
仰ぐ心に
闇はなし

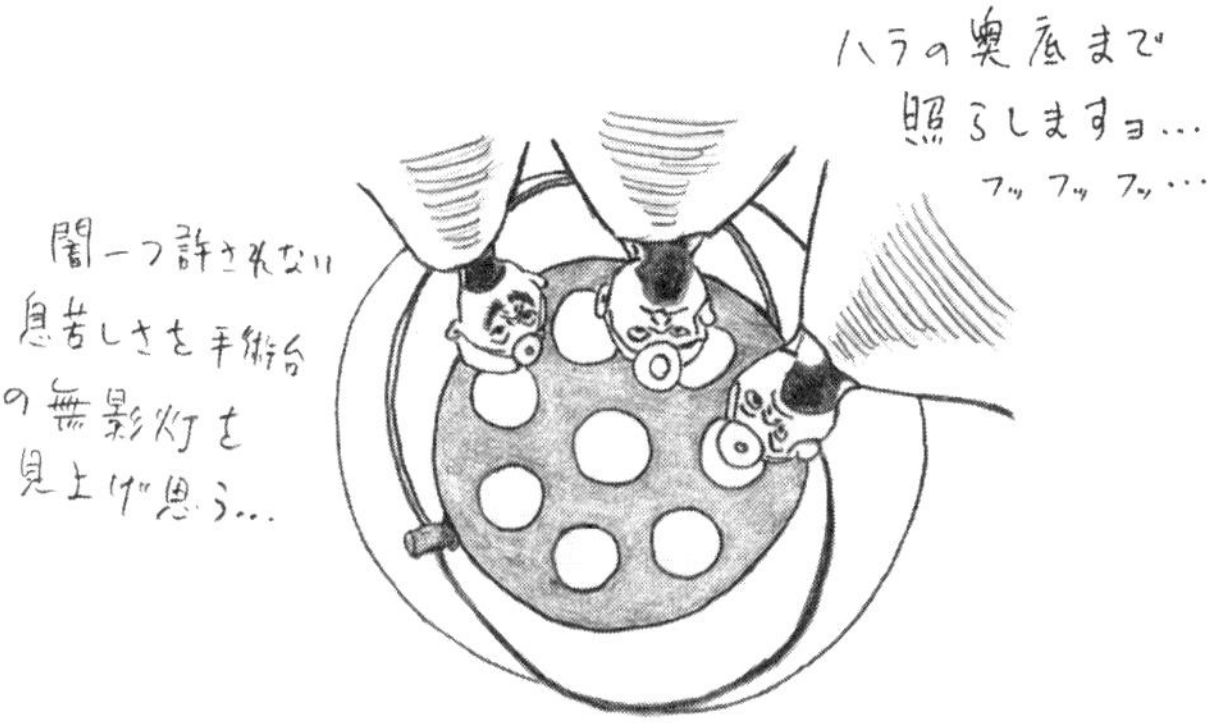
ハラの奥底まで照らしますョ…
フッフッフッ…
闇一つ許されない息苦しさを手術台の無影灯を見上げ思う…

ここでいう「闇はなし」とは、一点の曇りもない晴ればれとした気持ちと、お上に隠れて闇取引をするなという戒めを含意している。

この年（昭和十六年）、すでに施行されていた米穀管理規制にもとづく米・麦の配給統制を強化する措置がすすめられた。一人当たり一日分の割り当て量は、数え年で十一歳から六十歳までの男女の甲種（普通）が三三〇グラムとされ、幼児や老人は減配された。国民の体力を最低限維持し、戦争のための「人的資源の確保」を意図したことは明白である。

人間が人間を「抑圧」しようとする想像力は、人間が人間を「幸福」にしようとする想像力をはるかに凌《りょう》駕《が》する。

粗衣で頑張れ
粗食でねばれ

言われたとおり実践し
実戦に堪えられない愛国選手

貧しさもあまりの果ては笑い合い

この川柳は、吉川雉子郎《きじろう》こと吉川英治（作家）の作である。

だが、食えないほどの貧乏ともなると笑いも凍りつく。

《人の噂にこの頃東京市中いづこの家にても米屋に米すくなく、一度に五升より多くは売らぬゆゑ人数多き家にては毎日のやうに米屋に米買ひに行く由なり。パンもまた朝の中《うち》一、二時間にていづこの店も売切れとなり、饂飩《うどん》も同じく手に入りがたしといふ。政府はこの窮状にもかかはらず独逸の手先となり米国と砲火を交へんとす。笑ふべくまた憂うべきなり》（『断腸亭日乗』）

この年（昭和十六年）、永井荷風は右のような日記をしたためた。

荷風の不機嫌な様子がにじみでている。

鍬《くわ》執《と》つて
おれも
興亜の人《ひと》柱《ばしら》

三千年ほど人柱やってますけど
いいことないヨ。イヤホント、
タイヘンなだけだって。
(アトラス談)
天
空

「人柱《ひとばしら》」とは、ある目的のために身をささげる人のことである。つまり、犠牲となって死ぬということを含意している。銃後にあっても死ぬ覚悟をもてというのである。

「死が苦しいのは一瞬だけである。なぜ人はその一瞬を耐えられないのか」と述べたのは、かのヒトラーであるが、〝英雄〟や〝国民のための政府〟は平気でこんなことをいってのけるのだ。ヒトラーはまた「大衆の多くは無知で、愚かである」とまでいっている。

この年の前年（昭和十六年）の太平洋戦争開戦で、日本はかつてない戦果に将来の曙光《しょこう》を見いだしていた。だが、戦勝の幻想は、昭和十七年の秋が深まるにつれて崩れていった。

一億がみな砲台となる覚悟

自腹を切ってまで弾を撃ち続ける
実に熱心な砲手たちの国.

砲台となって人を殺すのは日本を勝利にみちびくためであり、日本を勝利にみちびくのは、それが日本人としての義務だからである。

つまりこの場合、砲台となって人を殺すのは大日本帝国の一億人の義務であるということになる。

仔細に検討してみれば、戦時下のスローガンは、支離滅裂な言葉に翻訳された当時の〝常識〟であった。

時勢という生きものは、ひとたびはずみがつくと、恐ろしい怪物となる。そこに歯止めをかけようとする声など、一瞬のうちに吹き消されてしまう。このことは、戦争がのこした大きな教訓である。

無職はお国の寄生虫

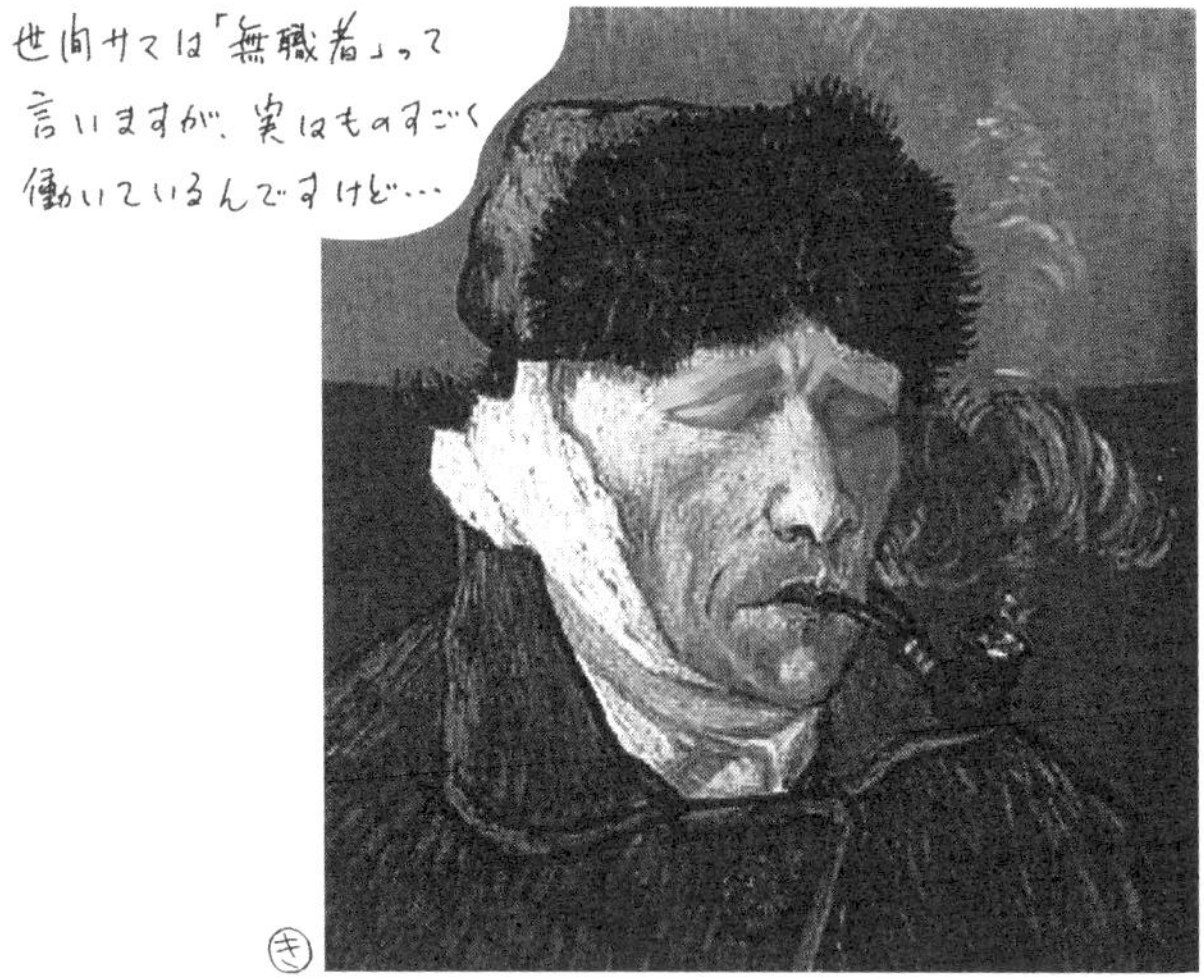
世間サマは「無職者」って言いますが、実はものすごく働いているんですけど…

人類の宝を創り出すのは、しばしば「無職者」と呼ばれる人であるという実例を示す、嘆きのオランダ人。

公僕とは、公衆に奉仕する者のことをいう。その公僕たる者が、いくら無職だとはいえ、国民を「寄生虫」呼ばわりしていいものか。

公衆の税金で暮らす自分たちこそ、寄生虫の自覚をもってしかるべきではないのか。公僕という寄生虫の数がしだいに増加して、それが力をもちはじめると、あたかも寄生母体のほうが寄生虫にたかっているように見えるものである。

このスローガンを見ると、わたしたちの国は現実の他国やその戦略と戦っていなかったのではないかと思えてくる。わが国は自分たちの文化や伝統、精神や思考と戦っていたのではないか。「心の内戦」をやっていたのではないか。

働かぬ手に　箸《はし》持つな

ちゃんと
働かないとスクラップにするぞ!
また紙づまりか!
日本帝国複写
き

新約聖書の一書に「働きたくない者は食べてはならない」という言葉があるが、多くの人に誤解されて今《こん》日《にち》にいたっている。

これは「怠けて働こうとはしない人は食べていけない」という徒食をいましめる言葉であって、「働きたいが働けない人は食べてもよい」という条件がついている。

それがいつのまにか「働かざる者食うべからず」になり、わが国のある時期においては、「働かぬ手に箸持つな」という慈悲のないスローガンとなった。

この時期、苛酷な労働条件のもとで身体をこわし、働きたくても働けない人もたくさんいた。

足らぬ足らぬは
工夫が足らぬ

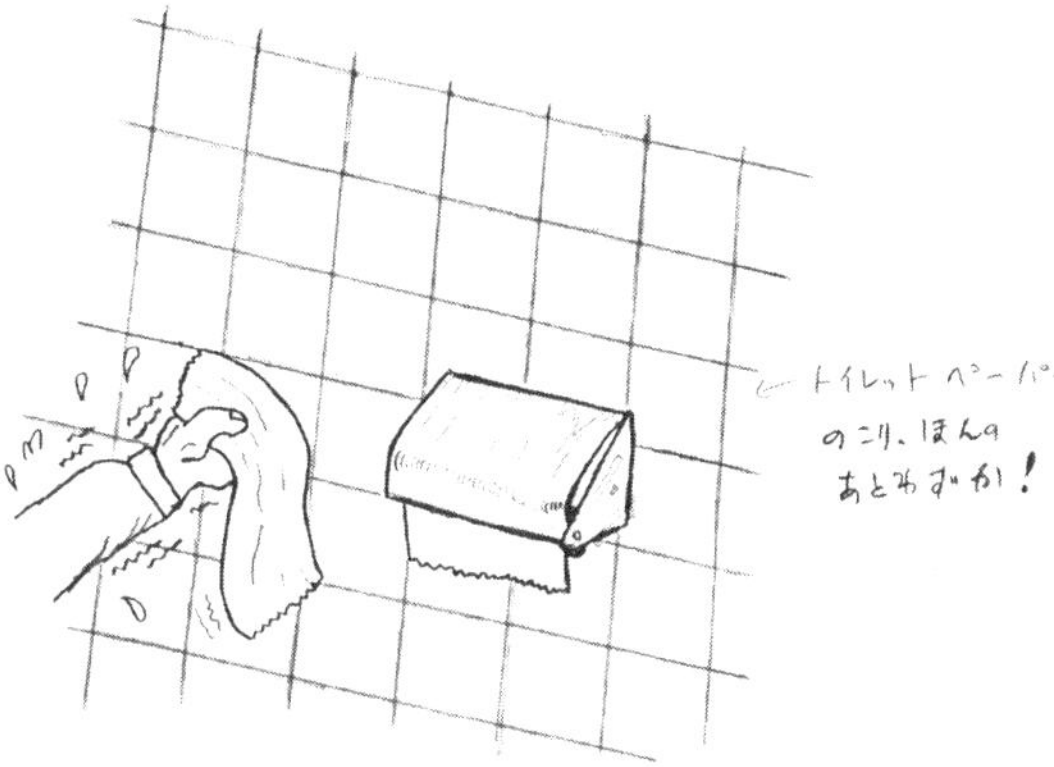
トイレットペーパー
のこり、ほんの
あとわずか!

くっ…。こ、これで何とか工夫して
間に合わさなければ!
工夫にすべてがかかっているのだ!

いってやりたい。外交の工夫が足りないんだよ、と。

「戦争は政治におけるとは異なる手段をもってする政治の継続にほかならない」（クラウゼヴィッツ『戦争論』）ものだとしたら、最悪の状態（つまり戦争状態）になることを避けるための外交にもっと知恵をしぼってもよかったのではないか。

ところが、幕僚たちがやったことといえば、「念力主義」にもとづくあいまいな空虚な言葉をならべることであった。

結果、わが国は「皇国」となり、その軍隊は「皇軍」と名づけられ、兵士は「神兵」と呼ばれ、侵略は「聖戦」と称された。だが、戦争の目的、設計、期間は最後まであいまいなままであった。

欲しがりません
勝つまでは

このスローガンは、「朝日」「読売」「毎日」といった新聞が大々的に宣伝した。

政治の世界には冷静と理性の歯止めが必要だが、マスコミが大政翼賛会と足並みをそろえてプロパガンダ（主義の宣伝）のお先棒をかついだのである。権力の尻馬に乗って、非力な国民を叱咤し、非協力的な者を非国民よばわりしたのだ。「マスコミ」は「マスゴミ」だといった人がいるが、そうした認識はいつも頭の片隅に置いておいたほうがいい。

活字だからといって、またそれが大新聞がいっているからといって鵜《う》呑《の》みにしないのが理性ある個人である。「熱狂した大衆だけが、操縦可能である」といったのはヒトラーである。

科学戦にも　神を出せ

南極洋上、砕氷船にて
「船長、流氷に閉じこめられて動けません！」
「あわてるな！神主と坊さんを呼ぶんだ！」
「はっ？の、乗せてたの？」　ナンデ…

昭和十七年になると、古くから慣習として伝わっていた「仏滅」や「友引」といった〝日の縁起〟がカレンダーや暦から消え、その代わりに国策スローガンが登場した。「暦も臨戦体勢へ前進する」との見出しをつけた新聞もある。

呪術やまじないに頼る心は、人類がもつ原初的なものである。だが、近代国家がこれを実践してはいけない。

願えば実現する。祈れば成就する。これを「念力主義」という。

戦争に対しても平和に対しても、わが日本国はいまだに「念力主義」を信奉しているようである。「平和ボケ」という言葉があるが、「戦争ボケ」という言葉も用いたほうがいい。

デマはつきもの
みな聞きながせ

自分にとって都合の悪い、煽動的で謀略的な宣伝をデマゴギーという。略して「デマ」と呼ぶ。ところが、大本営（天皇に直属する最高の統帥機関）が自国民にデマを飛ばしていたことがのちに判明する。そもそもなぜ「悪宣伝」といわなかったのか。「デマ」は英語でないにしても外国語であり、外国語の安易な使用じたいが不謹慎であったはずである。

戦時下、首相・近衛文麿（敗戦後、戦犯として拘引の直前に自殺）には元新橋の芸者だった愛人がいて、彼女に自分のことを「パパ」と呼ばせていたことがのちに明らかになった。国民をバカにするにもほどがある。

見ても話すな
聞いても言ふな

契約の件、課長に伝えてくれた？
言うもんですか！
キッパリ

国防意識を高めるために、噂や流言蜚語《ひご》（デマゴギー）を信じてはいけない、ましてやそれをいいふらしてはいけないとの標語がたくさんつくられた。人びとの言動が監視されたのだ。

善をおこなうことは簡単である。だが、その善が、売名のためのものではなく、善意よりでたものであることを知ってもらうのはむずかしい。戦争前夜、指導者たちの善行が聞かれなくなったのは、おそらくこの標語のせいではあるまいかと皮肉のひとつもいいたくなる。

さて、戦後になって、特攻隊員に檄《げき》をとばした指導者たちは、「あれは志願であった」などと平然と証言した。死者が語れないのをいいことに、司令官たちは嘘をしゃべりまくったのである。

早く見つけよ
敵機とムシ歯

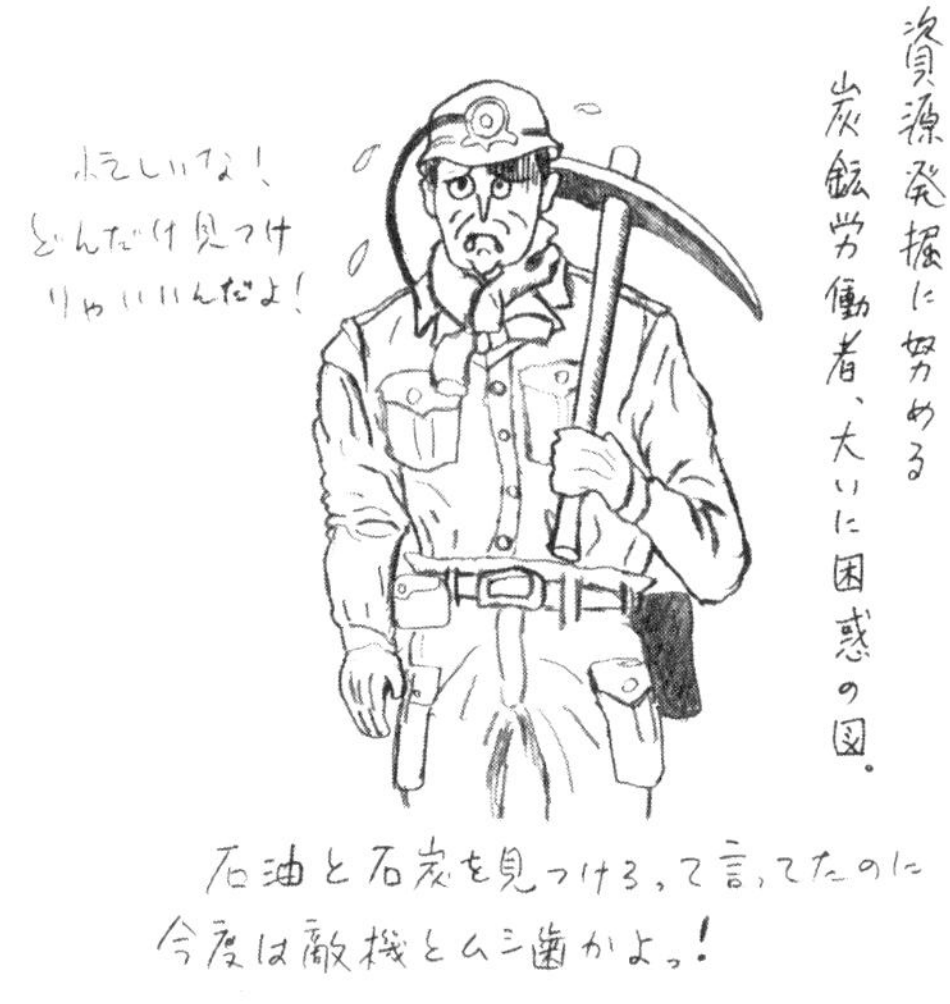
資源発掘に努める炭鉱労働者、大いに困惑の図。
忙しいな!
どんだけ見つけりゃいいんだよ!
石油と石炭を見つけるって言ってたのに
今度は敵機とムシ歯かよっ!

なんで虫歯なのか。この標語の作者は、子どものころに虫歯の早期発見ができず、塗炭《とたん》の苦しみというやつを経験したのだろうか。「敵機」と「ムシ歯」を並べたところに作者の豊かな想像力を感じないではいられない。

想像力とは「ふつう」の状態から逸脱することであるが、度が過ぎるとそれは「能力」ではなく「症状」と呼ばれる。

敗戦後の『現代』(昭和二十年十二月号)で、編集長の原健三郎は、「人間の根底は精神である。そこで我々が一番信頼したのは、特攻隊であり特攻兵器であった。あれは科学に日本精神が乗り組んだので、あれ丈《だけ》の威力を発揮したのだ」と述べている。これにいたっては「重症」と呼んだほうがいいだろう。

縁《えん》起《ぎ》担いで　国担げるか

肖像権の侵害じゃ
天上の達磨大師
アリガトウ ゴザイマシタ
勝
国を担ぐことになった人がすぐやること

選挙速報で、やたらに見る光景。

勝つことだけを信じよ、とのお題目が唱えられるなかで、冷静な眼で世の中を眺められる人は稀有であった。

《日本は、果してこの戦争に勝つであろうか？余りに冷やかな眼をこの祖国の命運をかけた大戦争に注ぐことは責められてしかるべきであるが、勝たねばならぬ、勝つにきまっているという単純な断定は少くとも自分を昂奮させない。〈中略〉日本は世界史に未だ曾てない唯一の犠牲的民族となることによってのみ、永久に輝かしい不滅の名を以て想起されるのだ》（『戦中派虫けら日記』）

二十歳の山田誠也（のちの作家・山田風太郎）は当時（昭和十七年）の日本を眺めてこう書き記している（十一月二十六日）。

空へ　この子も捧げよう

届かないよ
もう降りてこい

齢《よわい》をかさねて思うこと。それは理性や達見はゆっくり歩いてくるが、熱狂や偏見は猛スピードで群れをなしてやってくるということだ。

　戦時下、「日本精神」「聖戦」「国体護持」といった言葉に代表されるように、天皇を神格化することによって、理性や知性とはかけはなれた言語空間がつくられた。詐欺と恫喝は美辞麗句とともにやってきたのだ。

　太平洋の戦いは航空機による爆砕が勝敗を決める。アメリカは大戦中に二九万七〇〇〇機の航空機を製造する力があった。日本とはそもそも桁が違った。だが、日本はこの現実を重視しなかった。

デマに乗り
デマを飛ばせば
君も敵

喝ッ!!
虚実相半ばするから
こその誠の人生ぞっ!
真実を言へぬ心を思いやり
通してやるのも　また大和魂!!

「デマ」がほんとうにデマなのか、そうでないのかを見分けるには「情報」だけではだめである。その情報を見極める知性が必要だ。

CIAはCentral Intelligence Agencyの略だ。Intelligence（知性）であって、Information（情報）ではない。わが国ではCIAを「米国中央情報局」と訳すのがふつうになっているが、「米国中央諜報局」としたほうがいい。

当時の日本は、情報ばかりか、情報を分析してどのような対応をするかという能力には欠けていたが、自国民にデマを飛ばすことには熱心であった。

情報と知性を活用しうる国だけが存続するという世界の常識に背を向け、こんな標語を流行《はや》らせる国が勝利しなかったのは当然のことであった。

余暇も捧げて　銃後の務《つとめ》

要は、休むな、というのである。

夏目漱石の小説『吾輩は猫である』に「休養は万物の旻天《びんてん》から要求して然《しか》るべき権利である」とあるが（旻天とは広く天をあらわす言葉）、人間に余暇がなかったら、心身ともにおかしくなってしまうものだ。

　この時期（昭和十七年）、指導者たちは国民に余暇を与えて意欲的に働かそうとする巧妙な支配の術すら思い浮かばなかったようだ。ファナティックな（神の霊感を受けて狂信的になった）絶叫だけが全国市町村にこだました。

生産、増産、勝利の決算

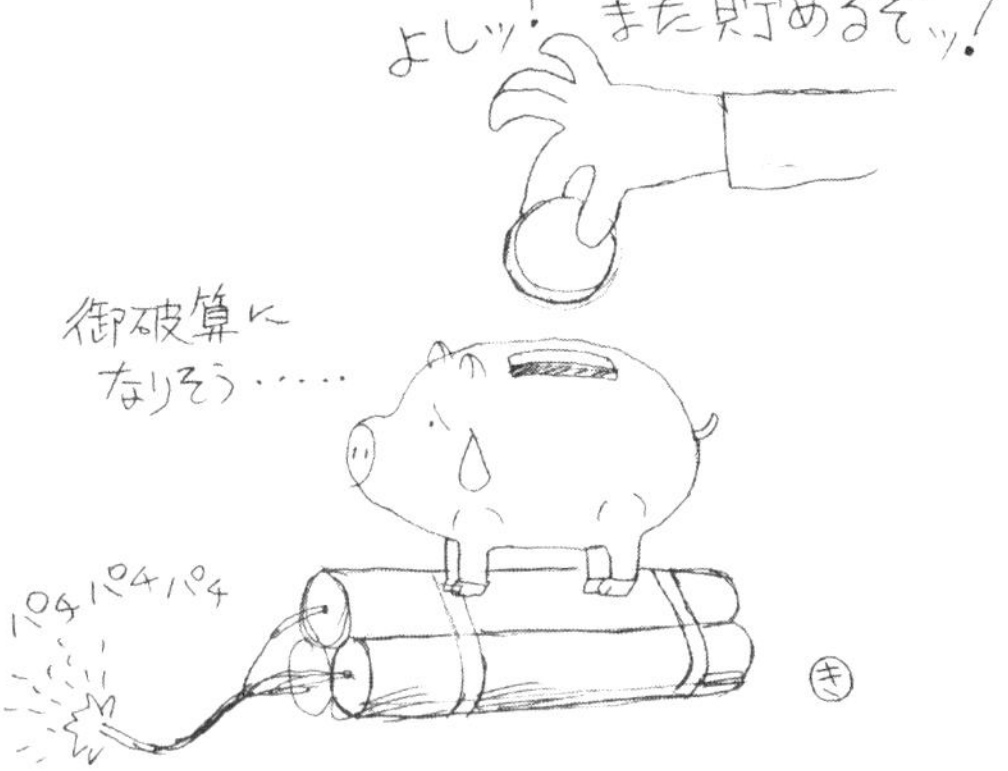
よしッ！ また貯めるぞッ！
御破算に
なりそう・・・・・
パチパチパチ

資源・物資・技術、そして人員までも不足していた生産現場に増産を求めるのは、それ自体がはやくも「粉飾決算」の気配をただよわせている。

さて、戦後、こうしたスローガンを煽った新聞は「リベラル」（自由主義的）になったそうである。どうして宗旨がえをしたのか。それは、時代が「リベラル」を求めたからである。

ビジネスの世界で莫大なカネを儲けるいっぽうで悪質なことをやっていたホリエモンこと堀江貴文を、どんな人間かろくな取材もせずにマスコミは〝英雄〟扱いした。連日のようにTVに出演させ（クイズ番組まで）、小学生たちは彼の真似をして株取引をはじめた。これもマスコミが仕掛けたからである。

いったいマスコミの「リベラル」とは何だろう。みずからに規矩《きく》という箍《たが》をはめない〝自由〟のようである。

迷信は一等国の恥曝《さら》し

「科学戦にも神を出せ」とか
「神風吹かせろ」って言ったか
と思えば、今度は迷信呼
ばわりですよ。
神サマ、私はどうすりゃいい
んですかね。

「迷信」とは、科学的な知識があれば間違いだということに気づくはずのことを正しいと信じることである。

茶柱が立てば吉兆だとか、カラスが啼《な》けば凶兆だとか、夜の口笛は悪魔を呼ぶとか、古今東西の人はみな、吉兆を気にしながら暮らしてきた。それは、おのれの非力を知り、人間の限界を悟ったときに案出された生きるための悲しい知恵であった。

「一等国」とは、政治と経済と文化において民度も高く、他国の手本となるような国である。

「恥曝《さら》し」とは、迷信の効用も知らず、一等国の解釈も考えずに、同胞をだます輩《やから》のことである。

恥よ結核　一等国

天皇に対する報恩のため、日本国は軍事によって獲得した権益を拡大していくことで名実ともに「一等国」たらんとした。

筆者は結核で父を亡くしているから、こんなことをいわれると頭に血がのぼってしまう。そもそも、かかりたくて病気になった人や、なりたくて病人になった人がいるだろうか。いたら名乗りでてほしい。

このスローガンの作者は他人の苦しみがわからぬ下等物件である。どんな幸福も、他人の苦悩を食って生きているのだという想像力もない。そういう品性下劣な人たちで充ちている国が「一等国」であるらしい。

買溜《かいだめ》に
行くな行かすな
隣組

見事な協力で相互のかいだめをやめさせる隣人愛の図

全国におよそ一二〇万の隣組と約一万九〇〇〇の町内会・部落会が整備されたのは昭和十五年九月末のことであったが、昭和十六年七月一日、内務省は全国の隣組に常会の設置をよびかけた。このため、「常会の時間」というラジオ番組をつくり、宮城遥拝《きゅうじょうようはい》を一斉におこなうなどしてこれを盛りあげた。

　割当て・配給制となった生活必需品の分配がこの組織づくりによってなされたわけであるが、闇行為、買《かい》溜《だめ》、そして国家を侮辱する言動を相互に監視する役割をも果たした。これによって、国にとって念願だった戦時下における民衆支配の体制ができあがったのである。

二人して
五人育てて
一人前

コ、コラッ
出産をノルマって
言うなっ!
ノルマ達成だわ

この前年（昭和十六年）の一月、閣議で「人口政策確立要項」が決定され、結婚の早期化、出産奨励、家族制度強化維持などが推進されることになった。真の目的は、国のために命を捧げる大量の兵士がほしかったからである。

これによって〝産めよ殖やせよ〟のスローガンができあがり、ついに夫婦は五人の子どもを育てなければ「一人前」ではないとされた。五人の子どもを育てなかった夫婦は、周囲からどんな目で見られていたのだろう。

いまの世にこんな看板が街に立ったら、人びとはどんな反応を見せるだろうか。

産んで殖やして育てて皇楯《みたて》

大ぜいの
人をたのんで
数をたよりに
ものをいふ
き

政治スローガンにはたいてい署名がない。どういった機関がだしたスローガンかはつきとめることができるが、そこまでである。いわゆる関係機関が乱発してきた政治スローガンは「責任の所在が明らかにならないスローガン」がほとんどである。かくして、〝匿名の過激性〟が暴れ狂った。

いまも昔も、あとで後ろ指をさされそうなものは、どれも個人の名は記されていない。それどころか、戦争全体の大きな転換期となったミッドウェーの敗戦（昭和十七年）すら皇軍は臣民に知らせず、ひたすら「不敗神話」と「出産奨励」の言葉を与えつづけたのである。

この標語の作者は、自分の子を嬉々《きき》として入営させたのだろうか。

日の丸で埋めよ倫敦《ロンドン》紐育《ニューヨーク》

㋖

世界を日の丸で埋めんと
種もまかずに。旗をまくん。

一般に政治活動は、内政と外交の二つに分けられる。だが、ときとして、内政の失敗から国民の目をそらすために外交が利用され、外交の失策から国民の耳を遠ざけるために内政が問題視される。

このスローガンは内政が失敗していたことを明らかにするものである。

政治の腐敗と失策——この二つこそ、憲法で保証された自由のなかでも、もっとも確実に起こる〝自由〟である。このことは、戦後になっても証明されつづけているから容易に理解していただけるものと思う。

米英を消して明るい世界地図

私にできる米英抜きの生活とは…？
アメリカ産ポテト
イギリス製カップ
オランダ企業輸入プラスチック
オージービーフ
中国産レタス
？あ、あの〜
お客サマ、何か？
ワールドバーガー

ファストフードでABCD包囲網を抜け出んと大いに悩む青年の図。

昭和十六年の十二月七日（日本では八日未明）、日本軍はハワイの真珠湾を奇襲した。

憎っくき米国をやっつけたのだ。日本中が沸き立ち、国民は喜色満面でこのニュースを伝えあった。うっぷんが晴れ、溜飲《りゅういん》がさがった。だが、それも束の間、それからの戦いは無残の一語に尽きた。結果、世界地図から消えたのは、アジアに広がっていた大日本帝国の版図のほうであった。

それにしても、うんざりさせられるのは戦後日本の変節ぶりである。舌の根も乾かぬうちに、英米にすり寄り、神棚にあげて、ひれ伏した。憎悪がすぐさま親和に変わった。この変わり身の早さは世界地図ではあらわせないが、世界史には残るだろう。こうした日本人の心性（国民的性格）を心理学者たちはきちんと研究しなければならない。

切り詰めて
米英陣を切り崩せ

D
C
B
A
J
ムりな深爪 ケガのもと。
指はそれぞれ違えども、
元をたどれば源はひとつ。

昭和十七年から十八年にかけて、日本軍はミッドウェー作戦に失敗、ガナルカナルでの戦いに敗れ、アッツ島では玉砕……としだいにアメリカの物量作戦に追いつめられていく。それとともに米英への憎悪もはげしくなる。あげく、「鬼畜米英」とまで形容した。

しかし、いまやわたしたちは大衆的規模による新しい「鹿鳴館時代」にいる。マーク・トウェイン（アメリカの小説家）は「人間だけが赤面できる動物である。あるいは、そうする必要のある動物である」と述べたが、少なくとも日本人はいくぶん赤面しなくてはならないのではないか。

飾る心が　すでに敵

南無八幡
エッ？ワシのような
忠義者が不忠と？
もうっ、メンドクセ〜国
になったもんだ！

この時代を生きた弁護士に山崎今朝弥《けさや》（一八七七−一九五四）という豪傑がいた。幸徳秋水と交わったり、社会主義者となったり、大学をつくったりした（大学令に基づく大学ではない）。戦後は、三鷹事件、松川事件の弁護団に加わった。

奇行・奇文の人としても知られるが、「噴火口を密閉したのみで安泰だと思っているは馬鹿の骨頂だ。何時か一時に奮然として爆裂するは当然過ぎるほど当然である」（『地震・憲兵・火事・巡査』）との含蓄ある言葉も残している。威嚇や弾圧は一時しのぎの安泰しかもたらさないというのだ。

このころより国民もあることにうすうす気づくようになる。それは、指導者たちが総合された客観情勢の論理的検証のもとに判断や命令をくだしているのではないという事実である。

買《か》溜《だ》めは　米英の手先

今日もオレは本気だぜ!
蓄えがあるからこその日々の安心.
グレートジャーニーには、グレートストックだぜ!
蓄えも持たず、どうやって厳しい状況下で生きていけるのか。備蓄の重要性を訴える、生き残りのプロの図。

趣味で買いだめをしようというのではない。いつ食料が手に入らなくなるか。そのことを恐れて買いだめをするのである。買いだめ禁止令をだすのは、すでに「政治の失敗」を意味している。

当時の食料事情を知る作家・吉村昭は「人々は痩せ細り、肥満している者は皆無になった」と述べ、さらに次のような様子を記録している。

《その時は私の家が当番になっていたのだろう、隣り近所の主婦七、八人が家に集まってきた。配給される野菜はわずかに大根一本。しかし、それを前にした主婦たちが、別に驚いた表情もしていなかったのは、野菜の配給といってもその程度であったのだろう。たまたまその場に居合わせた私は、主婦たちがそれを包丁で公平に輪切りにするのを見守った。一軒分が風呂吹き大根一個ほどの量であった》

(『東京の戦争』)

長《なが》袖《そで》で
敵が撃てるか
防げるか

ナニッ、我等の古式ゆかしき衣に
ケチをつけるのか！
まったく、最近の若い者は物
を知らんから困る！

情報局に鈴木庫三という情報官がいた。戦時下の出版史を調べるとかならずでてくる人物で、出版物の検閲と統制をおこなった。とにかく、ぜいたくが大嫌いな男で、「今度の世界大動乱にはいろ〳〵の原因がありますが、その中の大きな原因の一つは世界の経済的な行き詰りであります。世界を経済的に行き詰らせた主なる原因が右のやうに英米人の贅沢極まりない生活にあるのですから、この点から見て、英米人は世界人類の敵だといふことになります。勿論、これは英米人だけに限りませんが、すべて贅沢をするものは真面目な生活するもの丶敵です。さうしてそれは同時に人類の敵であることに間違ひありません」（『主婦之友』誌）と述べている。

英米という国よりも、彼らのぜいたくな暮らしぶりが気に入らなかったようである。さらに驚くのは、こうした非論理的な文章が検閲にひっかからなかったという事実である。

看板から米英色を抹殺しよう

オマエ
どっちのチームだっけ?

米英色を取ったら全チームのユニフォームがすべて真白になってしまったサッカーの試合。
敵も味方も分からず、ひたすら混戦するだけ

戦時下のアメリカでは、優秀な人材に日本語を学ばせて暗号を解読させたり、日本人のものの考え方をさまざまな角度から研究させたりした。

いっぽう、わが国では、看板からアルファベットの文字を消すことで「米英憎し」を煽った。これが戦争に勝つこととつながりがあるとはとうてい思えないが、情報局と内務省はつづいて「禁止米英音楽レコード」の一覧表を作成して米英音楽の追放をはかり、勝つための戦略とは遊離した〝心の内なる問題〟を重要視した。

この年（昭和十八年）の二月には「撃ちてし止まむ」という標語がちまたにあふれ、つづいて「肉を斬らせて骨を断ち、骨を斬らせて髄を断つ」というスローガンが叫ばれた。

吸って歩くな戦う街路

戦ったからこそ、スッたのだ！
アレするなコレするなと言う前にそもそも戦わなければ良かったと理性が働くのは、いつもずーっと後になってから（ホントはタバコに関する標語です）。

「アリストテレスがなんと言おうと、哲学が束になってかかってこようと、煙草にまさるものはあるまい」とはモリエールの煙草礼賛の言葉（『ドン・ジュアン』）であるが、煙草はいまも昔も嗜好品であって、禁制品ではない。

このころ東京では煙草不足が深刻化して、一人一個売りが厳守となっていた。むろん、煙草製造業者もとうぜん〝自粛〟をつよく求められた。

高度国防国家の建設のための統制経済は「戦時下のことだからしかたない」という人がいるが、とんでもない話である。「贅沢は敵だ」というキャンペーンをはって、関係業者（中小商工業者）を廃業に追い込み、全国に不況を拡大させ、国家財政を破綻させた事実をいったいどう説明するのか。

黙々と馬は田の中弾の中

フフフッ
戦場に来るからには、腹に イチモツ あるのさ
ゴツゴツ

人の愚かさを知っている木馬、いくさに熱中する人間を冷笑するの図

スローガンの要諦は、自信と強気である。謙遜や弱気をだしてはいけない。

だから、逆から考えれば、スローガンの背後にひそむ事実を見透かすことができる。

戦況が思わしくないときには、「不敗の皇国、皇軍」や「神風が吹いて形勢が逆転する」などの言葉が舞った。現実から目をそむけた、期待と願望の言葉で国中がいろどられたのである。

日本軍がガダルカナルからやむなく撤退したとき、大本営はこれを「転進」と発表している。

嬉しいな
僕の貯金が
弾になる

ブタの貯金箱を追いかけて喜ぶ
小国民を、さらに追う国策網の図。

国家はいつも神を共犯者に仕立てあげ、自分たちの不正行為を合法化しようとする。うまい具合に遂行できた破壊や殺人は、どれも賛美の言葉で神聖化されているし、極悪非道の勝利に祝福の詩華を惜しむこともない。

いっぽうで国家はまた教育にも熱心で、少年少女たちにそのときどきの政局に合わせた理想の子に育てようとやっきになる。

このスローガンは少年の「僕」が書いたものなのか。おそらく大人の「僕」が、少年になりすまして書いたものだろう。大人の「僕」はたいそうご満悦の様子だ。それにしても子どもたちの微々たるお小遣いまで取りあげて戦争をやったかと思うと情けなくなる。

百年のうらみを晴らせ日本刀

ホントにそこでいいんだな、
いつ飛び出すか
オレにも分からんからな
ABCD

抜かないからこその伝家の宝刀を濫用し、
刺しどころも分からぬまま、謎の外国人レスラー
ABCD仮面と危険なゲームを続ける図。

大衆は英雄が好きだ。政治の世界における英雄は、指導者でもあり支配者でもある。

大衆はまた英雄に弱い。間違ったことをいっても、安易にそれを信じようとする。いまの北朝鮮ではほとんどの国民が破廉恥な男を「将軍さま」と崇《あが》めている。そこでは、「大衆は何をいうかではなく、誰がいうかで信じるものだ」という原理がはたらいている。英雄待望論の強さは民度の低さをあらわしているのではないか。

戦時中の英雄は軍人だった。そして、この戦争が「精神力」と「念力主義」の好きなごく一部の軍人で遂行されてきたことを思うと、英雄待望論者たちはあらためてその心理を自己分析したほうがいいと思われる。

分ける配給
不平を言ふな

これっぽっち？
かんべんして…
たった一片のパンを 皆で分けるんだよ

き

国民からふんだくっておいて、「配給」とはよくいうよ。「戦費の国民所得に対する割合」を調べてみると、昭和十二年には一六パーセントだったのが、十八年には五四パーセント、十九年にはなんと九七パーセントになっている。すさまじい数字である。国民の生活が破綻するのもあたりまえである。

先年、麻生太郎内閣のときに「定額給付金」なるものが国民に支給された。一人あたり金一万二千円也。そして、かかった経費が八二五億円。バカではないか。納めた税金をなんの有効利用もできないで、国民に還元するのだという。これで政治家としての職責を果たしているといえるだろうか。無為無策きわまれり。そのうえにニヤついてやがる。とうぜん筆者はつっかえしてやった。

弾こぬ職場に
負傷は不忠

蹴鞠の玉が飛び交う職場で
怪我もない忠義者たち

二十代から三十代の壮丁（働きざかりの成年）は、真っ先に召集され戦地へ送られた。工場、農地、漁場、炭鉱の労働者が兵隊となれば、とうぜん生産力は激減する。だが、労働力が不足するいっぽうで軍需品の需要は激増した。

いわゆる殷賑《いんしん》産業（軍需産業）に従事する労働者は、早出、残業、徹夜、休日出勤を強いられた。実働時間は最低で十時間があたりまえだった。いっておくが、この場合の労働は、デスクワークではなく肉体労働である。

労働者の精神的および肉体的疲労は、事故や災害を続発させた。これを見たお上は「不忠」として、さらなる労働強化を求めた。そしてそれは罹病率の上昇を招き、結果的に生産性を低下させることになった。ここにも多くの教訓がある。

初《はつ》湯《ゆ》から
御《み》楯《たて》と願う
国の母

「三ッ星級の味わいを期待しているわよ」
「えっ!? 湯につけただけで、過剰にキタイしないで下さい!」

「夢想」はしばしば「妄想」へ寄り道をする。そして、その「妄想」の隣には「誇大妄想」がいる。「妄想」から「誇大妄想」への道のりはわずかだ。

さて、この作者は、当時の母親たちをしっかり取材したのだろうか。子を思う母親の心情を吐露させて、きちんと聞き書きしたのだろうか。

作者は、「理性」だけでこの標語を書いたのではなかろうか。「狂人とは理性を失なった人ではない。狂人とは理性以外のあらゆるものを失なった人」（『正統とは何か』G・チェスタートン）である。

理屈抜き
贅《ぜい》沢《たく》抜きで
勝抜かう

なぜ？ ①こんな大きな桶を
②たった一人で
③裸で、造るの？
理屈抜きで生きる人の あはれなるかな
き

正しいことはただひとつであるという世界で暮らすのは悲劇である。

「選択の自由」がないうえに、理屈をいうな、ぜいたくをするなと叱られる日々を想像してみよ。

日本が選択したのは、ただひとつ、「勝つこと」だった。では、どうやって勝つのか。「精神力」だけで勝つのである。東條英機は「戦争とは精神力の戦い」だと議会で答弁している。

では、どういう状態になったときに戦争は終わるのか。東條英機は、終戦とは「平和回復、それが戦時の終わりです」とだけ答えている。ア然である。平和の定義もしないで、平和になるまでは戦争をやめないというのである。こういう頭の持ち主が、戦時下の日本の首相だったのである。

アメリカ人をぶち殺せ！

Designed in U.S.A. but assembled in China, Indonesia and Japan.
ウーム、壊しちゃまずいのか？

憎き敵性電話を打ち壊さんと思うも、あろうことか日本でもちょっとだけ組み立てられていたことに気づき、深く苦悩する青年の図。

臆病者は残酷である。臆病は、嘘を生み、妄想をはぐくみ、仲間をそそのかし、自我を守り抜こうとする。昭和十九年から二十年にかけての指導者たちはすっかり臆病者になってしまったようだ。臆病者でなければ、この時期、真剣に「負け方の研究」をするはずである。

それにしてもこのスローガンはすさまじい。

昭和十九年十二月号の『主婦之友』の特集は「これが敵だ！　野獣民族アメリカ」である。「アメリカ人を生かしておくな！」「一人十殺米鬼を屠《ほふ》れ！」などのスローガンも見える。呪いの言葉の背後には、臆病と自己陶酔が透けて見える。

米鬼を一匹も生かすな！

悪玉菌を殺さんとして、結局、
健康を台なしにするの図
悪は一匹も逃さんぞ!
腸のひとりごと
ちょうし
わるいです
き

戦局はもはや敗色濃厚となっていたが、日本のジャーナリズムはおぞましいほど血気さかんであった。

いっぽうアメリカでは、昭和十九年六月、戦時情報局の委嘱を受け、すでに新たな日本の研究がはじまっていた。その研究成果はのちに『菊と刀』としてまとめられたが、戦後の日本占領において役立てるべき意図をもたらされていた。

一度も日本の地を踏んだことのない著者のルース・ベネディクトは、広範囲にわたる資料を渉猟《しょうりょう》して、日本における社会組織の原理は「集団主義」で、精神的態度は「恥の文化」というべきものにあると鋭く分析した。彼女の研究によって、「天皇制の存続が決まった」ともいわれている。太平洋戦争は、日本人の「念力主義」とアメリカ人の「現実主義」の戦いでもあった。

年表

昭和八年（一九三三年）

●満州国成立二年目、皇紀二五九三年。南島を支配する少年が主人公のマンガ『冒険ダン吉』ヒット。

一月　ドイツでナチス政権樹立。

三月　日本、国際連盟脱退。

▽米穀統制法公布。

四月　陸軍少年航空兵募集開始。

▽『サクラ読本』として知られる国定教科書改訂版使用開始。「ヘイタイ　ススメ」で授業始まる。

六月　大阪で交通信号無視をめぐり警官と陸軍兵士がケンカ。事態は大事に発展し、目撃者が自殺したり、内務大臣と陸軍大臣まで出てくる騒ぎとなる（ゴー・ストップ事件）。以後、軍にはっきりと異見を唱えることが難しくなる。

七月　文部省社会教育局、冊子『非常時と国民の覚悟』一〇万冊配布。

八月　信濃毎日新聞主筆、桐生悠々《きりゅうゆうゆう》が「関東防空大演習を嗤《わら》ふ」発表。陸軍の防空演習を批判。新聞不買運動になり桐生は退社へ。

十一月　生糸暴落。蚕糸恐慌に発展。

昭和九年（一九三四年）

●東北地方の深刻な冷害で大凶作の年。飢饉が発生する。欠食児童や行き倒れ頻出。

三月　満州国、薄儀が皇位に就き康徳帝となる。

四月　司法省、思想検事を設置。

五月　出版法改正公布。出版物、およびレコード内容の取締り強化。

六月　陸軍省、カーキ色を「国防色」に指定。被服統一運動を展開。カーキ色普及を図り始める。

▽文部省、思想局設置。

八月　松田源治文相、家庭内における「パパ、ママ」呼称を非難。日本語を使えと国民を叱る。

九月　東北地帯、飢饉深刻化。

十月　警視庁、学生および未成年者のカフェー立ち入りを原則禁止に。

▽陸軍、『国防の本義と其強化の提唱』を頒布。

十一月　東北大飢饉で娘を身売りに出す家庭に、就職斡旋などの便宜を図るように内務省が東北関係諸庁に通達。

昭和十年（一九三五年）

●この年、第四回国勢調査実施され、日本の人口が九七六九万人（「内地」六九二五万人、「外地」二八四四万人）、平均寿命は男四四・八歳、女四六・五歳と公表される。

四月　貴族院議員・美濃部達吉、天皇機関説のため不敬罪で告発される。以後、脅迫が続く。

満州国皇帝薄儀来日。

五月　陸軍憲兵隊、歌川広重の浮世絵『阿波鳴門』を印刷した書籍を押収、出版禁止に。鳴門海峡の渦巻きや島の描写が写実的で沿海要塞配備が予測されてしまうので要塞地帯法違反、との理由で江戸時代の絵を発禁処分にする。

六月　東京市による紙芝居調査。子どもに与える影響大として紙芝居の内容を統制することに。

十一月　文部省内に教学刷新評議会を設置。「国体明徴」の徹底とともに外来文化の再検討（規制や監視）を目的とする。

昭和十一年（一九三六年）

●二・二六事件発生の年。東京に戒厳令。事件後も治安維持の名目で国民の活動にさまざまな制約が課される。

二月　美濃部達吉、自宅で暴漢に拳銃で撃たれ負傷。

▽二・二六事件、戒厳令発令、岡田啓介内閣総辞職。株価暴落。

三月　内務省が二・二六事件後の治安維持を理由にメーデーを禁止。

四月　東京市教育局、市下の教員に対し、同僚結婚禁止を通達。風紀取締りを理由とする。

▽外務省、国号を「大日本帝国」に統一と発表。

五月　内務省が陳情運動を禁止。

六月　不穏文書臨時取締法公布。「人心を惑乱」する文書図画を出すことを禁じる。

▽内務省、歌謡曲「忘れちゃいやよ」（歌：渡辺はま子）の歌詞が官能的でいやらしいという理由でレコード発禁。

十月　「結核予防国民運動振興週間」実施。ポスター類が全国に配布される。

十一月　日独防共協定調印。

昭和十二年（一九三七年）

●この頃から、火薬の軍事転用と灯火・音響規制のため全国各地の花火大会が縮小・中止に。

一月　帝国議会内で浜田国松議員による、軍部の政治干渉・言論自由弾圧への批判演説。寺内寿一陸軍大臣が「軍に対する侮辱」と反発、論争に（切腹問答）。広田広毅内閣総辞職へ。

四月　アルコール専売法施行。九〇度以上のアルコールの製造・販売・輸入は政府管理に。

▽わずか九日間の審議で、たちまち防空法成立。防空について国民の義務が課せられ、国民の多くが動員・監視・補足の対象になる。

五月　文部省が『国体の本義』を全国の学校に配布。

六月　内務省、歌謡曲「江戸情緒小唄」（歌：小唄勝太郎）の歌詞内容が不貞としてレコード発禁。演奏も禁止。

七月　盧溝橋事件。以後、日中全面戦争に発展。株価暴落。

▽「国民心身鍛錬運動方案」決定。国民の心身を鍛えるため「ラヂオ体操の普及奨励」を重要項目とし、全国の小学校でのラジオ体操実施と全児童の参加を義務づける。

▽横浜市、市の女性職員に描き眉、アイシャドウ禁止令。

八月　第二次上海事変。政府は日中戦争不拡大方針を放棄。

▽初めて軍需工業動員法を発動。民間工場を強制動員できるようになる。

▽『国民精神総動員実施要綱』閣議決定。物質的な国力が不十分な政府としては、必然的に精神力を要求する内容になる。ここから多くの戦時標語が生まれることになる。

▽映画の巻頭に「挙国一致」「銃後を守れ」等の標語挿入が始まる。

九月　軍馬等の不足から「臨時馬の移動制限に関する法律」が可決。馬の移動が許可制になる。

十月　軍機保護法改正施行、民間人も取り締まり対象に。最高刑は死刑。

▽政府、全国各家庭に冊子『我々は何をなすべきか』、朝鮮では『皇国臣民の誓詞』を配布。

十一月　日独伊防共協定を締結。
▽大本営設置。
十二月　日本軍、南京を占領。

昭和十三年（一九三八年）

●国家総動員法の始まりの年。ゴム等統制品になる。履物不足のため下駄履きを奨励する運動がおこる。はさみやフォークは製造禁止。

一月　陸軍の要望により厚生省創設。国民の体格向上、健康促進が課題となる。
▽警視庁、パーマネントをする理髪店に対し新設を禁止。
二月　警視庁、繁華街で学業怠業とおぼしき学生三千人以上検挙。反省文を書かせ、宮城遥拝を科する処分。
三月　電力管理法によって発送電とともに国家管理に。
四月　国家総動員法公布。政府が必要と判断した場合、議会の審議を経ることなく勅令等によって経済活動全般について統制することが可能になる。
▽燈火管制規則公布。屋外灯は言うまでもなく、炭火やマッチの火まで規制対象に。管制下で灯りを使用する者は、理由や光の種類等を所轄警察に届ける義務があった。
五月　日本軍、徐州占領。重慶爆撃開始。
▽陸軍よりガソリン民生消費四割削減要請。ガソリン切符配給制へ。
七月　張鼓峰事件。日本軍、満州にてソ連軍と交戦。
▽政府、支那事変一周年記念として、国民に一汁一菜運動を提唱。
八月　資本金二〇万円以上の株式会社の資金調達は統制管理に。
▽学校卒業者使用制限令によって大学・大学院・専門学校卒業者を雇用する場合、認可を受けることを義務づける。工学系、および医薬系卒業生の雇用制限。
九月　商務省、新聞用紙供給制限令実施。
▽映画俳優にサインを求める行為を時局にそぐわない行為として禁止。
十月　日本軍、広東・武漢三鎮を占領。
▽名古屋市、市の男性職員に全員丸刈り令。

昭和十四年(一九三九年)

●全国の主要大都市、工業地帯で住宅事情悪化。十四年暮れにはホームレスの労働者は推定で五〇万人に。

一月　国民職業能力申告令公布。自らの職業能力を国に申告する義務で、これを怠ると罰則もあった。

三月　大学における軍事教練必須科目化。

▽大阪枚方市の陸軍禁野火薬庫が大爆発。陸軍の調査では死者九四人、負傷者六〇二人、家屋の全半壊八二一戸、被災世帯四四二五世帯の大惨事。

四月　米穀配給統制令公布。米が配給制になる。

▽映画法公布。映画製作・配給が国の許可制となる。台本も事前検閲されることに。また、外国映画上映に制限が課せられる。

五月　ノモンハン事件。日ソ両軍交戦。

▽警視庁保安課、能狂言「大原御幸」を不敬として上演禁止。

六月　学生の長髪、女子のパーマネント禁止、民間店舗におけるネオン禁止(国民精神総動員委員会生活刷新案による)。

七月　国家総動員法に基づき、国民徴用令公布。政府は、国民を生産活動に従事させたり、そのときの賃金などの労働条件を決めることができるようになる。

九月　ドイツ、ポーランドに侵攻。第二次世界大戦始まる。

▽厚生省「結婚十訓」を発表。「産めよ増やせよ国のため」と推奨する。

▽ロシア・オペラ・バレー団の公演を警視庁が「外国劇団の招聘は面白くない」として禁止。以降、外国劇団の上演が不可能になる。

十月　価格統制令公布。

▽「戦時食糧充実運動方針」決定。白米食禁止令発布。違反精米者には罰則。

▽国内消費用としての缶詰使用を禁止。

十一月　米穀搗精《とうせい》等制限令公布。米の籾殻を取るため精米すると、米が減るので、それを防ぐため精米を制限。「七分搗《つ》き」と指定される。つまり玄米の皮が三割残った状態で、味も消化も悪い米しか売買できなくなる。各家庭では一升瓶に米を入れ棒で突いて家庭内精米をすることになった。
▽厚生省、一〇子以上の多子家庭に大臣表彰決定。
十二月　木炭配給規制規則制定。

昭和十五年（一九四〇年）

●皇紀二千六百年。議会政治停止の年。主な政党がすべて解党になる。大政翼賛会・部落会・町内会・隣保班・隣組等が設置される。全国の都市工業地帯で住宅難さらに悪化。大阪では空家率〇・五％に。敵性語追放運動、広まる。米穀管理規則制定（米穀国家管理に）。ダンスホール閉鎖。経済でのヤミ取引増加。

二月　斎藤隆夫・衆議院議員が「反軍演説」、翌月衆議院議員除名処分を受ける。
三月　内務省「敵性語追放」に着手。不敬・外国風の芸名を持つ芸能人に改名要請。
四月　戦費調達効率化のため源泉徴収制を決定。今日まで残る。
▽米穀強制出荷命令発動。農家へ米供出を強制。
▽生活必需品一〇品が切符制に。味噌、砂糖などの食品からマッチも対象。タバコも配給制に。
▽石炭配給統制法公布。
▽国民体力法公布。未成年者の体力を国家管理とする。健康診断・体力測定を受ける義務。検査項目には、手榴弾投げや二五キロの俵を担いで走らされるものもあった。検査を受けた者には「体力手帳」が交付。検査を受けない者には罰則があった。九月実施。
五月　陸軍参謀本部、「国民防空指導ニ関スル指針」発表。空襲を恐れ都市部から避難する者を国土防衛を果たさない敗北主義者として、事前の平時避難を禁止した。
六月　文部省、各学校に修学旅行制限を通達（のちに原則中止に強化）。
七月　基本国策要綱決定。
▽奢侈品等製造販売制限規則公布。
八月　東京府下の食堂等で米提供禁止。
▽国民精神総動員本部、「贅沢は敵だ！」の立て看板一五〇〇枚を東京府に設置。
▽徳島県徳島署、白米を食べる約五十戸を発

見し「白米食い」として召喚、訓戒処分に。新聞にも報道され厳しく指弾される。
九月　日本軍、北部仏領インドシナ進駐。
▽日独伊三国軍事同盟を締結。
▽映画館法改正。映画上映時に「日本ニュース」というニュース映画上映が義務化決定。
▽鮮魚、塩干魚等が統制価格に。以後、統制対象拡大。翌十六年には鮮魚統制配給に。
十月　大政翼賛会発足。
十一月　紀元二千六百年祝賀式典開催。
▽国民服令公布。国民が着るべき服装を指定。このときは男性向けだが、のちに女性用も指定される。
十二月　内閣情報局設置。

昭和十六年（一九四一年）
●家庭用の扇風機禁止。年賀状廃止を逓信省が呼びかける。
一月　東條英機陸軍大臣、「戦陣訓」を通達。「生きて虜囚の辱めを受けず」によって、日本軍兵士の降伏が事実上、許されなくなる。
三月　国民学校令公布。新学期から小学校が国民学校になり、軍事教練や宮城遥拝が義務化に。
▽治安維持法改正によって予防拘禁制が認められる。
四月　生活必需物資統制令公布。
▽東京・横浜・名古屋・京都・大阪・神戸の六都市で米穀配給通帳制、外食券制実施。食品消費に対する統制始まる。
五月　家庭用の木炭配給通帳制・酒切符制始まる。
▽厚生省、医薬品・衛生材料の生活必需物資令統制実施。
▽「肉なし日」実施。以後、毎月二回、肉を不売とする。
六月　独ソ戦開戦。
七月　日本軍、南部仏領インドシナ進駐。
八月　アメリカ、対日石油輸出禁止。
九月　金属類回収令。
十月　近衛内閣総辞職、東條内閣樹立。ゾルゲ事件。
▽乗用自動車のガソリン使用全面禁止。
▽商工省、一般家庭用ガスの使用量を制限。
▽清酒、配給制に。

十一月　アメリカから日本へハル・ノート提示。
十二月　真珠湾攻撃。日米開戦。
▽新聞事業令公布。首相・内大臣が新聞社の生殺与奪の権を握る。記者も登録制に。
▽天気予報、気象情報の報道を禁止。開戦に伴い気象情報機密化のため。
▽商工省、新しく電球を買うには切れた電球と交換売買を決める。
▽情報局、「デマ」取締り強化発表。
▽アメリカ映画上映禁止。
▽日本少国民文化協会（社団法人）設立。音楽、文学、絵画、映画、ラジオ、出版、舞踊、遊具、紙芝居、童話、演劇の一一部会を持ち、全児童文化を統制下におくことに。

昭和十七年（一九四二年）
●電灯・鉄道料金・水道料金の値上がり相次ぐ。以降、敗戦まで高くなる一方。金属類回収令に基づき、金属供出広がる。「家庭鉱脈」という言葉のもと、身のまわりの金属類が次々供出へ。
一月　塩配給制に。ガス使用制限。水産物配給統制規制公布。
二月　シンガポール占領。
▽衣料切符制実施。婦人標準服と活動衣を指定。いわゆるモンペが普及。
▽大都市以外でも味噌・醤油の切符制配給始まる。大阪府で鮮魚・塩干魚・青果物の綜合通帳制実施。
四月　衆院選挙実施、第二次大戦下唯一の国政選挙で「翼賛選挙」と称される。投票呼びかけの標語が「大東亜　築く力だ　この一票」「大詔に応えまつらんこの一票」。
▽米穀配給通帳制となり、米の配給を受ける必須の証書となるが、もし紛失しても原則再発行はされなかった。外食券制度が実施。
六月　食料管理法公布。それまでの米穀配給に加え、麦類、イモ（加工品含む）、麺、パン類も配給制に。
▽ミッドウェー海戦。
七月　新聞は一県一紙へ、情報局から主要新聞統合方針が発表。この結果、各県の地方紙は地域独占になり皮肉にも各社経営改善。この新聞

界の基本構図は現在まで存続。
▽資源特別回収実施要綱により、お寺の鐘や、銅像など回収始まる。

十一月　東京で家庭用蔬菜《そさい》の登録制販売を実施。蔬菜とは主に野菜のこと。野菜も貴重品になる。
▽「欲しがりません勝つまでは」「頑張れ、敵も必死だ」など、国民決意の標語決定。

十二月　大政翼賛会、「海ゆかば」を国民歌としてあらゆる集会で必ず歌うように通達。
▽東京で、割当量以上にガスを使った家庭に「閉塞班」という元栓締め部隊が出動。ガス栓は、一家庭に一つと限定。

昭和十八年（一九四三年）

●食料事情悪化にともないヤミ取引増加。「敵性語」「敵性音楽」追放運動本格化。

一月　内務省、ジャズなど米英楽曲の演奏・レコード禁止。

二月　ガダルカナル撤退作戦。
▽電力・電灯消費規制。
▽陸軍省、全国に「撃ちてし止まむ」のポスター五万枚配布。
▽雑誌等で英語をタイトルに使うことを禁止。『サンデー毎日』が『週刊毎日』に。
▽座布団綿、帽子、蚊帳、洋傘等切符制配給に。

三月　金属回収本部設置。金属不足深刻化。

五月　木炭・薪配給制に。

六月　衣料簡素化実施。
▽鉄鋼、石炭など重要産業で生産を上げるため、就業時間の制限を廃止。女性、年少労働者の鉱山坑内労働を認可。
▽戦力増強企業整備要綱を決定。

八月　商工省、反物の長さ制限、長袖の和服・ダブルの背広の製造を禁止。
▽全国のバスを、指定の三色のいずれかに塗り替えるように通達。

九月　上野動物園で象・毒ヘビ・猛獣を毒殺。空襲等で猛獣が逃げ出すと被害が出るとの理由で。
▽男性は販売員・車掌・理髪師として働くことを禁止。
▽商工省、「国民食器」制定。茶碗、皿、湯

呑みなどを規格化。
▽東京都、金属非常回収工作隊を組織。金属回収強行。
十月　文部省主催で「出陣学徒壮行会」開催。学徒出陣始まる。
▽イタリア降伏。
十二月　文部省によって学童の縁故疎開促進。
▽競馬禁止。

昭和十九年（一九四四年）
●太平洋戦線縮小。「絶対国防圏」崩壊。国家予算の約八五%が軍事費に。
一月　スイカ、メロンなどの作付禁止。
▽東京、名古屋で疎開命令（建物の強制取り壊し）。
二月　警視庁、屋台営業禁止。
▽食料増産のため農作業に学徒五〇〇万人の動員決定。
三月　各地の歌舞伎座休場。宝塚歌劇団休演。
▽空地利用総本部設置。戦時農園化促進。
▽東京都で警視庁によって高級料理店、バー、酒場等次々閉鎖。
四月　防空総本部、都市部居住者に身許票携帯を指示。
▽国鉄、特急・寝台車等廃止。一〇〇キロ以上の旅行許可制に。
六月　サイパン島での戦いが始まる。マリアナ沖海戦で日本軍大敗。
▽学童疎開促進要綱が閣議決定。三～六年学童の集団疎開実施へ。
七月　インパール作戦中止、撤退へ。
▽サイパン陥落。日本軍守備隊全滅。
八月　グアム陥落。
▽軍需省、「物的国力の崩壊」を認める。
▽家庭用の砂糖配給を停止。
▽竹槍訓練などを命令。国民総武装を閣議決定。
十一月　プロ野球休止発表。本土空襲激化。
▽大日本青少年団、全国各地で食用目的でどんぐり採取を開始。
▽B－29、東京空襲。
十二月　軍需省・厚生省、一般国民の飼い犬・猫の強

制供出決定。飼い犬はすべて殺害し、毛皮は飛行服、肉は食用に使用。大は三円、小は一円で買い取ることを通達。

いた。

昭和二十年（一九四五年）

●敗戦の年。八月十五日未明まで本土空襲は継続していた。

一月　最高戦争指導会議、本土決戦態勢確立を決定。

▽農商省、家庭用の鍋・釜・バケツなどの修繕活用を奨励。

▽イモの緊急増産を閣議決定。

▽技術院総裁・八木秀次、国会での新兵器についての質問に「まもなく新兵器の神風が吹く」と答弁。

▽三河地震発生。愛知県、三重県を中心に死者行方不明者二三〇〇、昭和十八年九月の鳥取地震、昭和十九年十二月の東南海地震に続いて三年連続で死者千人を超す大震災。いずれも外国に国力低下を悟らせないため報道管制により被害軽微と報道され、迅速・大規模な救援はおこなわれなかった。

三月　東京、大阪、名古屋に大空襲。

▽「松根油等拡充増産対策措置要綱」が閣議決定。松の根から取れる油を軍用機等の燃料にするため、多くの国民が動員されることになったが、実は松根油からガソリンを製造する技術は確立していなかった。

四月　アメリカ軍、沖縄上陸。

▽各府県に憲兵隊配置。

五月　ドイツ降伏。

六月　沖縄戦終結。

▽義勇兵役法を公布し、十五歳以上六十歳以下の男子、十七歳以上四十歳以下の女子を国民義勇戦闘隊に編成。

▽北海道有珠郡で昭和十八年暮れから続いた地震の後、昭和新山が生成。しかし噴火から造山活動の一連の詳細は、敵に国力低下を悟られる等の理由で報道規制。室蘭製鉄所につながる胆振線にも地殻変動で被害が出たが、避難も許されず運行継続。

七月　農商省、どんぐりの採集目標を五〇〇万石と発表。

▽松根油増産完遂運動始まる。
▽東京都、「雑草の食べ方」の講習会を始める。
▽横浜地方検事局、イモを盗んだ工員を撲殺した自警団員を正当防衛に準ずべき事情として起訴猶予処分にする。
八月　広島、長崎に原爆投下。
▽防空総本部、新型爆弾（原爆）対応として白い服を着用し、穴に入るよう国民に指示。
八月十五日　戦争終結詔書、いわゆる「玉音放送」がラジオで流される。
九月二日　日本降伏。

出典

1　権利は捨てても　義務は捨てるな　（昭和八年、用力社）
2　子供の健康　それ国防　（昭和八年、熊本県）
3　心磨けば　皇国が光る　（昭和九年、愛知県）
4　燃える心を　身で示せ　（昭和九年、愛知県）
5　覚悟の前に　非常時なし　（昭和十年、報知新聞社）
6　進め日の丸　つづけ国民　（昭和十年、報知新聞社）
7　協力一致　強力日本　（昭和十一年、松陽新聞社）
8　暇をつくらず　堆肥をつくれ　（昭和十一年、千葉県）
9　胸に愛国　手に国債　（昭和十二年、大蔵省）
10　黙つて働き　笑つて納税　（昭和十二年、飯田税務署）
11　勇んで出征　進んで納税　（昭和十三年、大阪府泉北郡）
12　護る軍機は　妻子も他人　（昭和十三年、千葉県防諜協会）
13　小さいお手々が　亜細亜を握る　（昭和十四年、ラクトーゲン本舗）
14　日の丸持つ手に　金持つな　（昭和十四年、鳥取県）
15　銃後の冬に　寒さなし　（昭和十四年、中央標語研究会）
16　国のためなら　愛児も金も　（昭和十四年、鳥取県）
17　征けぬ身は　せめて育児で　御奉公　（昭和十四年、ラクトーゲン本舗）
18　これではならない　戦地へすまぬ　（昭和十四年、家の光社）
19　金は政府へ　身は大君へ　（昭和十四年、愛媛県）
20　花嫁も国防服　（昭和十四年、文藝春秋社）
21　子沢山も御奉公　（昭和十四年、文藝春秋社）
22　祖国の為なら　馬も死ぬ　（昭和十四年、北海タイムス）
23　支那の子供も　日本の言葉　（昭和十四年、北海タイムス）
24　笑顔で受取る　召集令　（昭和十四年、北海タイムス）
25　進め大陸　花嫁部隊　（昭和十四年、北海タイムス）
26　己の事は後廻し　（昭和十四年、文藝春秋社）
27　飾る体に　汚れる心　（昭和十五年、中央標語研究会）
28　贅沢は敵だ　（昭和十五年、国民精神総動員運動中央連盟本部）
29　人並と思ふ心が　奢りの心　（昭和十五年、富山県）
30　日の丸持つ手に　奢侈品持つな　（昭和十五年、富山県）
31　聖戦へ　贅沢抜きの　衣食住　（昭和十五年、中央標語

研究会）

32　家庭は　小さな翼賛会（昭和十五年、松下電器株式会社）

33　待て一歩　国に捧げた　身を護れ（昭和十五年、神戸市電気局）

34　男の操だ　変るな職場（昭和十五年、福岡地方鉱業報国連合会）

35　美食装飾　銃後の恥辱（昭和十五年、中央標語研究会）

36　りつぱな戦死とゑがほの老母（昭和十五年、名古屋市銃後奉公会）

37　何のこれしき戦地を思へ（昭和十五年、名古屋市銃後奉公会）

38　この子育てて御国へつくす（昭和十五年、名古屋市銃後奉公会）

39　儲けることより奉仕の心（昭和十五年、名古屋市銃後奉公会）

40　屑も俺等も七生報国（昭和十五年、日本工業新聞社）

41　翼賛は　戸毎に下る　動員令（昭和十六年、土陽新聞社）

42　強く育てよ　召される子ども（昭和十六年、日本カレンダー株式会社）

43　働いて　耐えて笑つて　御奉公（昭和十六年、標語報国社）

44　屠れ米英　われらの敵だ（昭和十六年、大政翼賛会）

45　節米は　毎日出来る　御奉公（昭和十六年、神奈川県）

46　古釘も　生れ代れば　陸奥長門（昭和十六年、日本カレンダー株式会社）

47　いつでも征ける　身体作れ（昭和十六年、日本カレンダー株式会社）

48　今は節米　酒は飲むまい（昭和十六年、日本国民禁酒同盟）

49　飾らぬわたし　飲まないあなた（昭和十六年、日本カレンダー株式会社）

50　戦場より危ない酒場（昭和十六年、日本国民禁酒同盟）

51　酒呑みは　瑞穂の国の　寄生虫（昭和十六年、日本国民禁酒同盟）

52　一寸一杯　いや待て債券（昭和十六年、国策債権情報社）

53　汗の化粧で　健康美（昭和十六年、日本カレンダー株式会社）

54　海の民なら　皆泳げ（昭和十六年、標語報国社）

55　子も馬も　捧げて次は　鉄と銅（昭和十六年、標語

報国社）
56 無敵日本に　無職をなくせ（昭和十六年、標語報国社）
57 遊山ではないぞ　練磨のハイキング（昭和十六年、広島県山岳連盟）
58 まだまだ足りない　辛抱努力（昭和十六年、日本カレンダー株式会社）
59 国策に　理屈は抜きだ　実践だ（昭和十六年、日本カレンダー株式会社）
60 国が第一　私は第二（昭和十六年、日本カレンダー株式会社）
61 任務は重く　命は軽く（昭和十六年、中央標語研究会）
62 日の丸を　仰ぐ心に　闇はなし（昭和十六年、大阪毎日、東京日日新聞）
63 粗衣で頑張れ　粗食でねばれ（昭和十六年、日本工業新聞社）
64 鍬執つて　おれも　興亜の人柱（昭和十七年、徳島県）
65 一億が　みな砲台と　なる覚悟（昭和十七年、中央標語研究会）
66 無職はお国の寄生虫（昭和十七年、日本カレンダー株式会社）
67 働かぬ手に　箸持つな（昭和十七年、中央標語研究会）
68 足らぬ足らぬは工夫が足らぬ（昭和十七年、大政翼賛会、朝日、読売、毎日）
69 欲しがりません　勝つまでは（昭和十七年、大政翼賛会、朝日、読売、毎日）
70 科学戦にも　神を出せ（昭和十七年、中央標語研究会）
71 デマはつきもの　みな聞きながせ（昭和十七年、中央標語研究会）
72 見ても話すな　聞いても言ふな（昭和十七年、中央標語研究会）
73 早く見つけよ　敵機とムシ歯（昭和十七年、岡崎市）
74 縁起担いで　国担げるか（昭和十七年、日本カレンダー株式会社）
75 空へ　この子も捧げよう（昭和十七年、大日本飛行協会）
76 デマに乗り　デマを飛ばせば　君も敵（昭和十七年、台北州防諜連盟）
77 余暇も捧げて　銃後の務（昭和十七年、大木合名会社）
78 生産、増産、勝利の決算（昭和十七年、東京奨工新聞社）
79 迷信は　一等国の　恥曝し（昭和十七年、日本カレンダー株式会社）

80 恥よ結核　一等国　（昭和十七年、台湾結核予防協会）
81 買溜に　行くな行かすな　隣組　（昭和十七年、大阪時事新報社）
82 二人して　五人育てて　一人前　（昭和十七年、日本カレンダー株式会社）
83 産んで殖やして育てて皇楯　（昭和十七年、中央標語研究会）
84 日の丸で　埋めよ倫敦　紐育　（昭和十七年、大政翼賛会神戸市支部）
85 米英を消して明るい世界地図　（昭和十七年、大政翼賛会神戸市支部）
86 切り詰めて　米英陣を　切り崩せ　（昭和十八年、中央標語研究会）
87 飾る心が　すでに敵　（昭和十八年、中央標語研究会）
88 買溜めは　米英の手先　（昭和十八年、中央標語研究会）
89 長袖で敵が撃てるか　防げるか　（昭和十八年、中央標語研究会）
90 看板から米英色を抹殺しよう　（昭和十八年、『写真週報』第二五七号）
91 吸って歩くな戦う街路　（昭和十八年、煙草販売組合中央会）
92 黙々と　馬は田の中　弾の中　（昭和十八年、日本馬事会）
93 嬉しいな僕の貯金が弾になる　（昭和十八年、大日本婦人会朝鮮慶北支部）
94 百年のうらみを晴らせ　日本刀　（昭和十八年、小松市役所）
95 分ける配給不平を言ふな　（昭和十八年、大日本婦人会朝鮮慶北支部）
96 弾こぬ職場に　負傷は不忠　（昭和十八年、中央標語研究会）
97 初湯から　御楯と願う　国の母　（昭和十八年、仙台市役所）
98 理屈抜き贅沢抜きで勝抜かう　（昭和十八年、神戸市総務局）
99 アメリカ人をぶち殺せ！　（昭和十八年、『主婦之友』一二月号）
100 米鬼を一匹も生かすな！　（昭和二十年、『主婦之友』二月号）

おわりに

スローガンとは何か。

俳句ほど簡潔でなく、詩歌ほど叙情的でなく、小説ほどまだるこっしくなく、童謡ほど牧歌的でなく、流行り歌ほど刺激的でなく、評論ほど論理的でなく、商品説明書ほど実質的でなく、パソコンの使用説明書ほど意味不明でなく、宣伝文ほど刺激的でなく、警句ほど啓蒙的でないものといったらわかってもらえるだろうか。

すなわち、スローガンとは、単純で、明快で、直截的で、扇情的かつ押しつけがましいものである。識見や学殖は感じられない。時勢の気分をつくり、世論を熟成し、気運の旗ふり役をつとめる。なかでも政治スローガン、すなわちお上《かみ》が音頭をとるスローガンは、どうしてあんなにも具体性に欠け、その場しのぎであり、責任をとる気がなく、漠然としたことをもっともらしく表現するのだろうか。

そのうえ、自分のいうことに寸分の疑いももっていないと察せられる。どうにも可愛げがない。といって、「成熟を急ぐ未熟さ」が感じられるかというとそうでもない。青年のういういしさがない。では、酸《す》いも甘いも嚙みわけた見識を披露しているかといえば、そうした思慮深さもまったく感じられない。老人の落ち着きもなければ枯淡《こたん》の風情もないのだ。

スローガンは、小心で尊大、さながら虎の威を借る狐《きつね》、他人の欠点を目ざとく見つけて上司に逐一報告する、嫌味たっぷりの中年課長補佐といった趣である。

本書に収載した標語・スローガンは、かつて「大日本帝国」という国家が存在し、「昭和」と呼ばれた時代の前半、「大東亜共栄圏」の建設という野望をいだいていたころのものである。おもに、昭和八年から十八年までのスローガンが収載されている。これらは、当時の「時代の空気」を生なましく伝えるものとして、昭和史の貴重な資料ということもできよう。

「一億一心火の玉」となって、「欲しがりません勝つまでは」との気概をもち、「鬼畜米英」を合い言葉にして、「勝利ノ日マデ」を誓ったわたしたち日本人。しかし戦後、われわれは「虚脱状態」におちいり、「一億総懺悔《ざんげ》」をして、明治維新のころにもまして英米にすり寄った。

とくにアメリカはわたしたち日本人の憧れの的になった。アメリカの文明を移植し、軍事的は「日米安全保障条約」（日米安保条約）を締結して、その結びつきをいっそう強めた。

わたしたちの価値観は右往左往する。昭和の前半と後半では、空気も気分も価値観もまったく激変してしまった。

だが、変わらぬものは、望めばかなえられるという「念力主義」である。戦前の神州不滅の思想も、戦後の平和主義も、ともに「念力主義」にもとづくものである。

果たして、戦前に真の軍国主義者《ミリタリスト》はいたのだろうか。軍国主義者なら、負ける戦争だとわかっていたら、なんとしても開戦を阻止したはずである。

戦前戦中をつうじて、「敗戦の研究」をした軍国主義者の話など聞いたことがない。いても即刻つかまってなぶり殺しされたであろう。運よくブタ箱から生きて出てきたとしても、その軍国主義者は村八分にされて白眼視されたにちがいない。

戦争は情報戦でもある。

アメリカは何をやったか。彼らは敵国・日本を知るために日本語学校をつくり、秀才たちをあつめて日本語の特訓をやり、日本人のものの考え方を研究した。

しかるに日本はどうしたか。彼らの言語を敵性言語と規定して英語の使用を禁止し、アメリカ人の思考回路を分析することもしなかった。これは軍国主義者にあって、あるまじき発想である。

アメリカでは論理的思考能力と経験的学習能力が評価されていたのに対し、日本では精神力と念力を重視したのだ。

そして、戦後なると、日本国民はこぞって「反戦」「自由」「民主」を唱えはじめる。あたかも平和主義者《パシフィスト》になったかのようである。ガンの撲滅を祈願すればガンはなくなると考えるのと同じように、平和を願えば平和がくると信じはじめるのである。「心の内なる問題」として平和を信仰したのだ。これは「平和教」という宗教ではないのか。

真の平和主義者なら、戦争と侵略のメカニズムを本格的に研究しなければならないだろうし、外交と軍事の関係を歴史的な見地から検証するのを不可欠とするはずだ。

ところが、戦争を口にするから戦争が起こるのだという風潮がいまだに強い。「戦争の研究をしています」などといえば、現在でも「平和の敵」だといわれかねない。あれだけの悲惨な戦争を体験しながら、戦争を知ることに不熱心で、どうして戦争状態になったかについては頑《がん》として不勉強をきめこんでいる。平和を守るための軍事研究は焦眉の急である。

戦時下の日本には軍国主義者はいなかった。そして、戦後の日本には平和主義者がごくわずかしかいない。

わが国の主流は、いまも昔も「念力主義者」である。戦前戦後をつうじて変わらなかったのは「念力主義」だけではなかったか。

本書の目的は、戦争前夜から戦時下にかけて日本中にこだました、「念力主義」の権化というべきスローガンを、現代の眼で冷静に眺めることにある。そして、そこからいかなる教訓を得るかということも念頭においている。

当時の「正気」は、現代の「狂気」に映る。だが、多くの国民は当時、本気でそれを信じたのである。

不謹慎を承知でいうと、そこには本気ゆえの笑いがあり、正気のゆえの悲哀がたたずんでいる。

い。

そして私はそれを茶化している。「念力主義」を揶揄《やゆ》している。

むろん、そうしたスローガンに煽動されて祖国のために身を捧げた同胞を嗤《わら》おうというのではない。

嗤えるものか。身近なことをいえば、私の父は戦地に赴いたし、伯父となるはずだった二人は戦争で落命している。

昭和十年代を研究していて恐ろしいと感じたのは、どのような強固な意志をもっていようと、いかに崇高な理想を掲げていようと、暴力の恐怖をちらつかされて発言と議論の権利を奪われてしまったら、個人なんてものはひとたまりもないということである。みんな自己規制をして、みずからの信念を吐露することもなく黙ってしまうのだ。

そして、そうした環境になんじてくると、客観的にものごとを見たり、冷静に社会をとらえることがむずかしくなる。これがこの時代が残してくれたいちばん大きな教訓である。

戦後、距離が破壊されて、世界はますます小さくなった。また、それにともなって、「グローバル化」とやらもすすんでいる。そして現在、時代に即した「戦争のできる憲法」をつくろうという気運も高まっている。

だが、ここに至っても、政治家およびマスコミの言葉づかいはあいまいなままだ。彼らは「戦争はよくない」とか「戦争をくりかえさない」のようにお題目のように唱えているが、「侵略」と「戦争」の区別もつかず、「平和」と「安全」がどういうふうにつくりだされるのかという視点も戦略もないようである。

戦争というのはケンカである。「戦争はよくない」というのは、「ケンカはよくない」といっていることだ。「侵略はよくない」といいかえるべきではないか。「戦争はよくない」とくりかえすのは「念力主義」となんら変わるところがない。あいまいなスローガンといわざるをえない。

わたしたちはもっと言葉を精査して、「戦争」と「平和」の研究と議論をしないと、将来さらなる不幸に見舞われるであろう。昭和十年代（一九三五年〜一九四四年）からなんの教訓も得られなかったとしたら、その時代からさらなる手痛い報復を受けるであろう。

もう、「念力主義」はごめんである。

里中哲彦

（註）年号の表記には西暦をつかわず、もっぱら「昭和」を用いた。これは、「昭和」という時代、とくに「昭和十年代」を読者のみなさんに意識してほしいと考えたからである。

文：里中哲彦（さとなか・てつひこ）
1959（昭和34）年生まれ。早稲田大学政治経済学部中退。河合塾講師、河合文化教育研究所研究員（「現代史研究会」主宰）、コラムニスト、翻訳家。
著書：『英語の名言・方言・大暴言』（丸善ライブラリー）、『英語の質問箱』『英文法の魅力』（いずれも中公新書）、『「鬼平犯科帳」の真髄』（現代書館、文庫として『鬼平犯科帳の人生論』 文春文庫）、『まともな男になりたい』（ちくま新書）、『スペンサーという者だ――ロバート・B・パーカー研究読本』（論創社）など。
訳書：『名言なんか蹴っとばせ』（J・グリーン編、現代書館）、『1日1分半の英語ジョーク』（編訳、宝島社文庫）、『ねこ式人生のレシピ』（M・ヴァレンタイン著、長崎出版）など。

絵：清重伸之（きよしげ・のぶゆき）
1947年生まれ。東京藝術大学洋画科卒業、同大学院技法材料科修了。迎賓館天井画修復補手。米国、St.Olaf大学とBajus-jones映画社でアニメーションを実習・勤務。現在はフリー。書籍挿画『司馬遼太郎と「坂の上の雲」』『アレルギーと楽しく生きる』『民俗学の愉楽』（以上、現代書館）、『フィリピンと出会おう』（国土社）、『おおかみと7ひきのこやぎ』（チャイルド本社）。紙芝居『ぶたのおかあさんは　こどもがいっぱい』（教育画劇）。絵画シリーズ『星と水の旅』『ここちよい夢』ほか多数。各地のNGOの人たちと出会いつつ、脱原発・環境の分野で制作中。

絵：依田秀稔（よだ・ひでとし）
1964年生まれ。フリー。

黙《だま》つて働《はたら》き 笑《わら》つて納《のう》税《ぜい》
戦時国策スローガン 傑作100選

2013年8月15日　第1版第1刷発行

著者　里中哲彦
絵　清重伸之／依田秀稔
編者　現代書館編集部
発行者　菊地泰博

発行所　株式会社現代書館
〒102-0072 東京都千代田区飯田橋3-2-5
電話 03-3221-1321　FAX 03-3262-5906　振替 00120-3-83725
http://www.gendaishokan.co.jp/

印刷所　平河工業社(本文)　東光印刷所(カバー・表紙・帯・別丁扉)
製本所　越後堂製本

本文中の絵は(清)印が清重伸之作、無署名のものは依田秀稔作です。

Printed in Japan　ISBN978-4-7684-5713-9
定価はカバーに表示してあります。乱丁・落丁本はおとりかえいたします。

活字で利用できない方のための
テキストデータ請求券
『黙つて働き
笑つて納税』